L'Amour du Fou
Liebe eines Narren

L’Amour du Fou
Liebe eines Narren

Poésies par Adelino Gonzaga
Gedichte von Adelino Gonzaga

Dessins par Vadim Korniloff
Zeichnungen von Vadim Korniloff

Traduction par Andréas Becker
Aus dem Französischen von Andreas Becker

edition promenade

j'attends patiemment les invités imaginaires

V. Kerniloff
2014

À la memoire de Douglas Day Ascencio.

« Quel silence profond ! La route est solitaire :
L'écho lui-même est sourd. »
Théophile Gauthier, La comédie de la mort

Im Gedenken an Douglas Day Ascencio.

»Welch tiefe Stille! Die Straße ist einsam:
Das Echo selbst ist taub.«
Théophile Gauthier, Die Komödie des Todes

Avant-propos

Dans les premières lignes de *Rester vivant,* Michel Houellebecq écrit des micro-récits dont on pressent la teneur comme étant poétiquement salvatrice pour l'auteur. Il raconte *Henri,* 1 an, abandonné dans ses propres immondices par sa mère, ce que Houellebecq conclut par : *Henri est bien parti dans sa carrière de poète.*

Adelino Dias Gonzaga, 24 ans, fait partie de ces êtres singuliers, non pas de ceux qui ont la primauté de la souffrance, tout le monde a déjà souffert ou souffre et comme le formulait très justement le philosophe David Hume : *Il n'est pas contraire à la raison que je préfère la destruction du monde entier à l'égratignure de mon doigt.* La hiérarchisation des maux serait ici trop simpliste, voire grotesque. Non, il ne s'agit pas de cela, mais de cette propension qu'ont certains êtres à sublimer, à transformer voire à magnifier la souffrance, leurs propres souffrances, à travers un médium artistique tel que l'écriture, le dessin, la peinture, etc.

Adelino *parle* avec une intensité et une force brute, celles dont bénéficient ces écrivains poètes dont l'inspiration créatrice naît de ce que nommaient autrefois les Grecs dans l'Antiquité : l'âme du bas. Les filtres moraux, culturels et par conséquent normatifs ne font pas partie de l'*anatomie psychologique* de ce genre d'artiste, que l'on pourrait aisément classer dans l'Art brut (l'art des *fous*) si ses écrits n'étaient pas intelligibles. Adelino exprime dans sa poésie ses propres souffrances et errances, ainsi que ses doutes qui se révèlent nous être étrangement familiers. Il n'écrit pas sa souffrance, mais il universalise la souffrance...

C'est à partir de ce recueil de poèmes que j'ai, non pas illustré mais plutôt dessiné d'après lecture. J'ai pris pour modèle non pas le texte dans sa formalité, mais exclusivement la rémanence émotionnelle de sa lecture. Le résultat artistique de notre rencontre fortuite est surprenant voire déroutant, car l'alchimie entre la poésie d'Adelino et mes dessins est telle que l'on pourrait aisément croire que ce recueil illustré est le fruit d'un seul et même artiste. Ou encore, on ne saurait dire lequel des deux a inspiré l'autre.

À ce questionnement, je pourrais conclure qu'Adelino et moi-même sommes tous deux des artistes animés par la même démarche poétique : la première... *La première démarche poétique consiste à remonter à l'origine. À savoir : à la souffrance.*

Vadim Korniloff, Metz, 2015

Vorwort

Adelino Dias Gonzaga, ein französischer Dichter portugiesischer Herkunft, lebt von künstlerischen Herausforderungen, sprachlichen wie biografischen Brüchen und von dem unbedingten Willen, Leben und Schreiben zu einem Kunstwerk zu formen.

Seine Gedichte spiegeln diese kompromisslose Bereitschaft zum Risiko wieder, zur Leidenschaft, aber auch zum Hoffen und Träumen. Verlorene Liebe, der Wunsch nach Gegenseitigkeit, nach Geborgenheit, das unsichere Herantasten an den Anderen, auch der Versuch, sich selbst in seiner vollen Widersprüchlichkeit wahrzunehmen, durchziehen seine Sprache wie ein roter Faden. Adelino beschreibt die Fremdartigkeit des Gegenwärtigen, die Grenzerfahrungen mit Drogen, für die er zuweilen apokalyptische Bilder findet. Durch die tiefen Schatten seiner Sprache findet er die Ausdruckskraft für den Weltschmerz, der auf seinen Schultern lastet.

Masken spielen eine zentrale Rolle in den Gedichten. Es sind die Masken, hinter denen die Anderen ihre Böswilligkeit verheimlichen, hinter denen sich das große Unbekannte, welches das Leben bedrohlich erscheinen lässt, verbirgt. Der Dichter variiert dieses Versteckspiel, es ist zugleich Quelle von Angst doch auch Schutz. Nur wenn er in den Spiegel schaut, erschrickt er: Ist er nicht auch eine Maske für sich selbst? Aber wenn dem so ist, wer ist er dann in Wirklichkeit?

Das sprachliche Draufgängertum, mit dem Adelino Antworten auf diese Fragen (ver)dichtet, gibt seiner Poesie eine ganz eigene, surreale Färbung. Er schreibt sich dabei so nah wie möglich an das Noch-Sagbare heran. Brüche in den Strophen, überraschende Gegensätze, das Wechseln der Erzählperspektive stehen für das ständige Forschen nach poetischen Ausdrucksformen. Dabei findet Adelino Worte und Bilder, die bei aller Kraft eine große Zerbrechlichkeit ausdrücken und seinen Gedichten einen musikalischen Klang und inneren Zusammenhalt geben.

Adelino scheint sich vor nichts zu fürchten, außer vor der Langeweile einer oberflächlich normalen Existenz. Zu seinen Vorbildern gehören nicht von ungefähr Antonin Artaud, der geniale aber ebenso verstörende Theaterdichter, dem er einen Text widmet, sowie David Lynch, auf dessen Film *Inland Empire* er in dem Gedicht *Dort oben in einer blauen Zukunft* anspielt.

Einen besonderen Zugang ermöglichen die Zeichnungen von Vadim Korniloff. Sie orientieren sich an Textausschnitten der Gedichte. Doch ohne diese zu illustrieren, entwickeln sie eine selbständige Traumwelt, die sich in wundersamer Weise mit den Texten zu einer Symbiose fügen. Vielleicht versteht niemand den Dichter so gut wie der Zeichner, dem es mit wenigen Federstrichen gelingt, Adelinos Welt in Szene zu setzen. Dem Betrachter und Leser eröffnen sich dabei Einsichten in erstaunliche Welten, so wie es tief ergreifender Kunst eigen ist.

Andreas Becker, Paris, August 2017

Funérailles au nom de l'amour

Le baiser vivant enveloppe notre cœur
Et le flux, toujours plus rapide, baisse notre température
À nous coucher sur le tombeau de la terre entière.
Car berce notre sommeil, le goût et l'odeur du parfum de
nos lèvres.

Notre esprit prend la vague, il se libère de nos corps.
Il grave sur la pierre tombale nos mémoires en pointillés
Et nous quitte pour toujours sans nous le rappeler
Pour l'éternité.

Begräbnis im Namen der Liebe

Ein leidenschaftlicher Kuss umschließt unser Herz,
Der Lebensfluss senkt immer schneller unser Fieber,
Wir betten uns auf das Grabmal der Erde.
Unseren Schlaf wiegt das Schmecken und Duften der
Lippen.

Der Geist schwingt sich auf, befreit von unseren Körpern.
Er meißelt in den Grabstein skizzenhaftes Gedenken
Und verlässt uns für immer, ohne uns daran zu erinnern
In alle Ewigkeit.

Un bouquet de fleurs qui saignent

Cœur brûlé

Épouse-moi, ce soir, mon élément.
Ouvre-moi tes mains comme je découpe ton
    cœur en deux.
Il y a une partie de toi que je voudrais mêler à mon sang,
Il y a une partie de toi qui me manque.

Je te ramène un bouquet de fleurs qui saignent
Comme les hommes qui viennent demander pardon.
Ce ne sont pas les armes que j'ai armées contre
    moi-même,
Ce sont les cicatrices d'un homme.

Je t'emporterai dans un monde merveilleux
Où les amants protègent leurs cœurs.
Le silence sera notre raison,
Nous succomberons au désir de nous taire
Et, nous nous embrasserons à l'écart de la lumière.

Gebranntes Herz

Schmiege dich an mich, heute Abend, mein Alles.
Öffne mir deine Hände, als ob ich dein
    Herz entzweischneide.
Einen Teil von dir möchte ich mit meinem Blut
    vermischen,
Einen Teil von dir möchte ich nicht missen.

Ich bringe dir einen Strauß blutender Blumen
Wie Menschen, die um Verzeihung bitten.
Es sind keine Waffen, die ich gegen mich richtete,
Es sind die Narben eines Mannes.

Ich nehme dich mit in eine wunderbare Welt,
In der die Liebenden ihre Herzen beschützen.
Stille wird unser Wegweiser sein,
Wir erliegen der Sehnsucht nach Schweigen
Und küssen uns jenseits des Lichts.

mon arme redoutable : l'insaisissable peur de l'éternité

Innocence

J'ai désiré la virginité
Et j'ai donné mon cœur.
J'ai donné mon cœur à la vérité
Qui m'a rendu coupable.
Mon arme redoutable :
L'insaisissable peur
De l'éternité.

Unschuld

Ich sehnte mich nach Jungfräulichkeit
Und verschenkte mein Herz.
Ich schenkte mein Herz der Wahrheit,
Die mich schuldig machte.
Meine furchterregende Waffe:
Diese unfassbare Angst
Vor der Ewigkeit.

Nous courons vers l'absolu à l'envers
2014

Conducteur d'accidents

Nous nous sommes trouvés,
Nous avons franchi tout ce qui nous empêchait
d'avancer,
Nous nous sommes reconstitués l'un dans l'autre.

Nous planons sur des couteaux qui découpent
nos ailes,
Nous courons vers l'absolu à l'envers des directions
prises pour départ
Et elles sont arrivées avant que l'on se retourne vers
l'essentiel.

Nous sifflons contre les vagues qui reviennent à nous.
C'est notre tête qui fait divaguer l'esprit.
Nous dansons entre les pas à contre-pied.
Nous nous étalons par terre.
C'est notre tête qui fait divaguer l'esprit.

Mon amour, je suis le visage que tu masques.
L'autre que tu caches.
L'autre que tu craches.

Mon cœur s'enveloppe dans ma poitrine,
il s'emballe.
Il appelle ton corps,
Il embrasserait tes lèvres si tu épelais son nom :
« C.O.E.U.R. »

Unfälle

Wir haben uns gefunden,
Wir haben alles überwunden, das uns hinderte
voranzukommen,
Wir haben uns Einer im Anderen aufgebaut.

Wir schweben auf Messern, die unsere Flügel
zerschneiden,
Wir laufen zum Absoluten, den ursprünglichen
Richtungen entgegen
Und sind angekommen, noch bevor wir uns zum
Wesentlichen wenden.

Wir pfeifen gegen die Wellen, die uns entgegenströmen.
Unser Kopf verwirrt den Geist.
Wir tanzen zwischen den Takten auf falschem Fuß
Und fallen der Länge nach hin.
Unser Kopf verwirrt den Geist.

Meine Liebe, ich bin das Gesicht hinter deiner Maske.
Ich bin der Andere, den du versteckst.
Ich bin der Andere, den du bespuckst.

Mein Herz verkrampft sich in meiner Brust
und beginnt zu rasen.
Es ruft nach deinem Körper,
Es küsste deine Lippen, würdest du seinen Namen
buchstabieren:
»H.E.R.Z.«

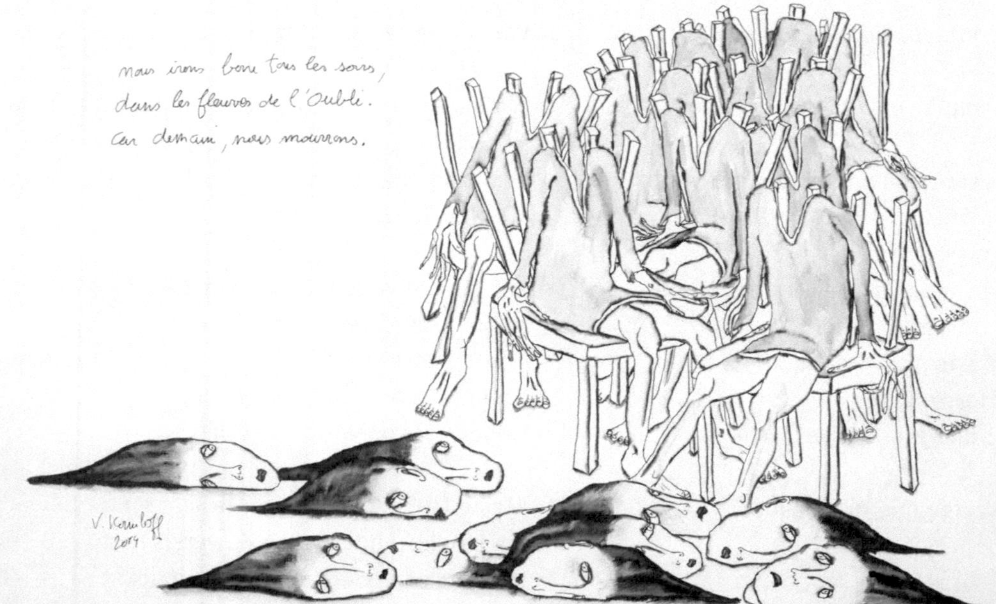
Nous irons boire tous les soirs,
dans les fleuves de l'Oubli.
Car demain, nous mourrons.

L'Amoureux

Mal entendu les paroles soudaines
Dans le noir où je suis
Dans les couloirs d'âme
J'y cours et j'y demeure.

Construisons un monde ensemble
À l'intérieur de nous
Tel des amants imaginés.

Les fantômes que l'on traîne
Lumière qui nous guide dans les flammes
Où tout meurt.

Nous irons boire tous les soirs
Dans les fleuves de l'Oubli
Car demain nous mourrons.

Nos mains qui tremblent
Nos mains qui nous lient à la réalité
À l'Amour, à l'Espoir
Dans l'immensité de la Vie !

Car aujourd'hui, nous nous aimons.

Jamais connu le danger
Jamais eu d'état d'âme
Dans les couloirs où je fuis
J'y cours et j'y demeure.

Brûlons dans le monde que nous avons construit
À l'intérieur de nous
Maintenant que tout est fini.

Der Verliebte

Die plötzlichen Worte missverstanden
In meinem Dunkel,
In den Gängen der Seele.
Dort renne und dort bleibe ich.

Schaffen wir gemeinsam eine Welt
Im Inneren unserer selbst
Wie ein erträumtes Liebespaar.

Dämonen, die wir mit uns schleppen
Licht, das uns ins Feuer führt
Dort, wo alles stirbt.

Lasst uns jeden Abend
In den Fluten des Vergessens trinken,
Denn morgen werden wir sterben.

Unsere Hände zittern
Unsere Hände binden uns an die Wirklichkeit
An die Liebe, an die Hoffnung
In der Unermesslichkeit des Lebens!

Denn heute lieben wir uns.

Niemals Gefahren erkannt
Niemals Hemmungen gehabt
In den Gängen, in die ich fliehe.
Dort renne und dort bleibe ich.

Brennen wir in der Welt, die wir erschaffen haben,
Im Inneren unserer selbst
Jetzt, wo alles vorüber ist.

Chimère inespérée !
Nourris-moi, mange-moi
Guide-moi là où tout meurt.

J'irai boire tous les soirs
Dans la fontaine de l'Oubli
Car demain je survivrai.

Unverhoffte Wahnbilder!
Nährt mich, verschlingt mich
Führt mich dahin, wo alles stirbt.

Ich trinke jeden Abend
Aus dem Brunnen des Vergessens,
Denn morgen werde ich überleben.

2014
Je vis ma vie sur un fil qui se répète

Tueur

Je vis ma vie sur un fil qui se répète,
Je suis mort depuis longtemps.
Aussi loin que je me souvienne,
Que j'entre dedans.

Il y a un poing à l'intérieur de ma poitrine que j'étouffe,
Qui remue dans ma bouche.
Je suis en état de contrôler mes émotions,
En persistant.

Je perce les pores,
De chacune de tes phalanges
Comme un secret scellé à la cire.
Je vois tes yeux dans la nuit, je rêve de les égorger.

Je t'ai donné ma vie par avertissement,
Tu as provoqué mes sentiments.
Je suis le seul combattant, mon sort des choses que j'imagine.
Je suis le commanditaire de mes remords et de mes inquiétudes.

Je suis à la recherche de l'eau qui purifierait mes blessures.
Je cherche les armes qui détruiraient tout souvenir de vie,
Toutes les armures.

Je me donne à la terre détruite,
À un coupeau de lame,
Je taillade mon bras en poussière.

Maintenant que je suis mort, tu vois ce que tu es
Et tu me vois partout, te souvenant de tout.

Killer

Ich lebe mein Leben am seidenen Faden
Ich bin seit langem tot.
Soweit ich mich erinnern kann,
Soweit ich eindringe.

Es gibt da eine Faust in meiner Brust, an der ich ersticke,
Die in meinem Mund herumwühlt.
Ich kann meine Gefühle beherrschen,
Wenn ich nur durchhalte.

Ich durchbohre die Poren
All deiner Fingerglieder,
Ein mit Wachs versiegeltes Geheimnis.
Ich sehe deine Augen in der Nacht, ich träume davon, sie auszustechen.

Ich habe dir mein Leben gegeben, dich vor mir gewarnt,
Du hast meine Gefühle herausgefordert.
Ich bin der einsame Kämpfer, mein Schicksal die Dinge, die ich mir einbilde.
Ich bin der Auslöser meiner Reue und meiner Unruhe.

Ich bin auf der Suche nach dem Wasser, das meine Wunden reinigt,
Ich suche Waffen und Rüstungen,
Die jedes Erinnern an Leben vernichten.

Ich gebe mich der zerstörten Welt hin,
Dem Splitter einer Klinge,
Ich ritze meinen Arm zu Staub.

Jetzt da ich tot bin, erkennst du, was du bist
Und du siehst mich überall, erinnerst dich an alles.

Ce n'est ni la peur qui me dévore, ni ton amour, c'est l'enfermement.

Prison

Je pourrais te ramener les étoiles et tu y verrais du sang,
Je pourrais t'en ramener encore et encore.
Ce ne sont pas des flèches qui vont m'enfermer et me rendre mort,
Mauvais juge de notre amour perdant.

Si le silence a fait perdre tous tes sentiments et qu'il m'a rendu aveugle,
Si tu ne fuyais pas et qu'on brûle en prison,
Si tu n'étais pas celui que j'aime à perdre raison ?
Les raisons de l'aveuglement qui m'entrave.

Si la souffrance te conduit à l'abandon,
Je pourrais déclencher l'alarme.
Si j'étais juste comme une femme,
Tu pourrais m'aimer à en perdre la raison.

Ce ne sont pas des flèches qui vont m'enfermer et me rendre mort,
Mauvais juge de notre amour perdant.
Ce n'est ni la peur qui me dévore,
Ni ton amour, c'est l'enfermement.

Gefängnis

Ich könnte dir Sterne vom Himmel holen, wie viele auch immer,
Doch du sähest nur Blut.
Pfeile können mich nicht einsperren und den Tod bringen
Wie ein schlechter Richter unserer verlierenden Liebe.

Wenn das Schweigen dich alle Gefühle verlieren ließe und mich blind machte,
Wenn du nicht flüchten würdest und wir im Gefängnis verbrennen,
Wenn du nicht der wärest, den ich liebe bis zum Wahn?
Gründe für mein Erblinden, das mich in Fesseln legt.

Wenn das Leiden dich dazu brächte, mich zu verlassen,
Könnte ich Alarm auslösen.
Wenn ich doch wie eine Frau wäre,
Könntest du mich lieben bis zum Wahn.

Pfeile werden mich nicht einsperren und den Tod bringen
Wie ein schlechter Richter unserer verlierenden Liebe.
Weder Angst verschlingt mich noch deine Liebe,
Es ist das Gefangensein.

Déguisé en marionnette

Asile

Un couloir sans fenêtre
Garde les portes closes
Et verrouillées à triple tour.
L'infirmier entre déguisé en marionnette
Vérifier une quatrième fois
Si les corps reposent
Dans la morgue.

On entend des propositions de voix
Qui agissent lorsqu'on chuchote
À l'allure mélodique d'un pathos
Qui écoute avec une délicate tristesse
Les pauses entre chaque battement du cœur.

On voit des ombres hallucinées
Ramper sous nos draps jaunes
Pour attraper notre corps qui se déforme.

Maladie, compagnie de l'errance.
N'as-tu pas de sourire ?
Tes blessures ne démangent ?

Anstalt

Ein fensterloser Gang
Hält die Türen verschlossen
Verschlossen mit dreifachem Schloss.
Ein Krankenpfleger kommt als Marionette verkleidet,
Überprüft ein viertes Mal,
Ob die Körper ruhen
Im Leichenhaus.

Man hört Ahnungen von Stimmen
Sie handeln flüsternd
Im melodischen Klang des Pathos
Das mit zärtlicher Traurigkeit
Auf jede Pause zwischen den Herzschlägen hört.

Man sieht halluzinierte Schatten
Unter gelbe Laken kriechen,
Um unseren verformten Körper einzufangen.

Krankheit, Begleiterin des Irrens.
Hast du kein Lächeln?
Jucken deine Wunden nicht?

le joueur des éléments
2014

Le joueur des éléments

Quand le cirque est ouvert, à l'heure terne des
pleurs et des violettes,
Des lunettes en forme de cœurs, j'aborde
mes miroirs :

Je suis un minuscule bonhomme minimal, volant
sur son vagabondage.
Un faiseur de tours dans tous les genres
d'appartenances,
Un escamoteur qui dérobe sa propre impuissance
Et opinion spéculative - mon inconscience.
Un jongleur de discours incorrects, un bouffon des
fables.
Je suis un chérubin discordant les amants du secret
Avec des flèches qui visent les cœurs
Pour les dissocier en deux personnages semblables,
par avance,
Contradictoire de visu, ça n'existe pas.
Ce sont les sosies de Capgras...

Allant sur le chemin façonné de la lutte dans le passé.
Sifflant contre les vagues de l'océan qui se
referment sur nous.
Soufflant contre les arbres qui tombent sur mon passage,
en mon élan d'acrobate.
Je crie vers les cieux profonds :
« Laisse-moi tomber des fils qui tu superposes aux
nuages,
J'ai été le pantin de la détresse ! »

Der Spieler der Elemente

Wenn in dieser dumpfen Stunde der Tränen und der
Veilchen der Zirkus beginnt,
Mit Brillen aus Herzen geformt, begegne ich meinen
Spiegelbildern:

Ich bin ein winzig kleines Männchen, ein fliegender
Vagabund.
Ein Illusionist in all seinen Erscheinungsformen,
Ein Verblender, der seine eigenen Unfähigkeiten
verschleiert
Wie seine fabulierten Meinungen – meinen Leichtsinn.
Ein Jongleur falscher Reden, ein närrischer
Geschichtenerzähler.
Ich bin ein Cherubin, der die heimlich Liebenden entzweit
Mit Pfeilen, die auf ihre Herzen zielen,
Um sie von Anfang an in zwei sich gleichende Personen
zu trennen,
Offenbar widersprüchlich, so etwas gibt es nicht.
Das sind die Doppelgänger von Capgras ...

Ich folge dem von vergangenen Kämpfen
gezeichneten Weg.
Ich pfeife gegen die Wellen des Ozeans, die über uns
zusammenschlagen.
Ich blase gegen die Bäume, die umfallen,
Wenn ich mit akrobatischen Schwung vorbeigehe.
Ich schreie den weiten Himmeln entgegen:
»Lass mir Fäden über die Wolken herabfallen,
Ich war der Hampelmann des Verzweifelns!«

Je vois à l'intérieur de tes yeux
2014

Un rebelle sans applaudissement

Je suis un adolescent, je me déguise. Je m'expose, vulnérable aux choses. Je deviens ce que je veux, ce qui me va à la minute.

Je vis au temps noir et blanc, à l'instant vert et rouge, où tout semble si incompréhensible que les choses se ressemblent. J'ai des médicaments plein mes poches trouées, jean délavé. Je marche en fonction de lui et de ses retouches imparfaites. Je me sens mal à l'aise avec mon sexe, j'ai l'impression qu'on peut le toucher. Quand je marche, je me sens inconfortable. Quand je parle, je me sens invisible. Plus je grandis, plus je me transforme en un animal. Agité contre mon image, je ne me reconnais plus. Plus je vieillis, plus je me rends malade.

Je ne sais comment j'ai atterri ici, je me pose souvent la question. J'ai l'impression d'être mort une seconde fois avec un trou dans la tête qui tout ce temps s'est élargi. Ce n'est pas plus étrange qu'une vie, pas plus énigmatique.

J'évolue dans un enfer perdu, sensible à l'environnement qui m'entoure. Prêt à démolir des barrières, à rompre des barreaux, à l'affût de tout.

Je suis inconscient, victime de mon incertitude. Je vois à l'intérieur de tes yeux la présence dont je suis la cible.

Je m'absente jour après jour... une éternité éloignée de moi un peu plus... un manque de lucidité entre moi et celui que j'ai toujours été, des manques complices.

Ein Rebell ohne Beifall

Ich bin ein Jugendlicher, ich verkleide mich. Ich stelle mich aus, verletzlich. Ich werde, was ich will und wer mir gerade einfällt.

Ich lebe in schwarz-weißer Zeit, im grünen und roten Augenblick, wo alles so unverständlich erscheint, dass sich die Dinge gleichen. Ich habe Medikamente bis oben hin in meinen löchrigen Taschen. Ich gehe, wie meine verwaschenen Jeans mit ihren abgerissenen Flicken es zulassen. Ich fühle mich unwohl mit meinem Geschlecht, ich habe den Eindruck, man könnte es berühren. Wenn ich gehe, fühle ich mich unbehaglich. Wenn ich spreche, fühle ich mich unsichtbar. Je größer ich werde, desto mehr verwandele ich mich in ein Tier. Aufgebracht gegen mein Bild, erkenne ich mich nicht wieder. Je älter ich werde, desto mehr mache ich mich krank.

Ich weiß nicht, wie ich hier gelandet bin, ich stelle mir oft diese Frage. Ich habe den Eindruck, ein zweites Mal tot zu sein mit einem Loch im Kopf, das sich beständig erweitert. Das ist nicht seltsamer als ein Leben, nicht rätselhafter.

Ich bewege mich in einer verlorenen Hölle, empfindsam für die Welt, die mich umgibt, bereit die Grenzzäune einzureißen, die Gitterstäbe zu zerbrechen, bereit zu allem.

Ich bin leichtsinnig, Opfer meiner Unsicherheit. Ich sehe tief in deinen Augen die Nähe, die du in mir suchst.

Tag für Tag entferne ich mich ... Mehr und mehr entschwindet mir die Ewigkeit ... Es mangelt an Klarsicht zwischen mir und jenem, der ich immer war, ein vertrauter Mangel.

les juges
2014

L'Accusateur

Entre dans l'arène sous le souffle et les sifflets du sable
Au pas d'ondes inaudibles
Traversant en transversal
L'accusateur sceptique…
Il se rince l'œil quand il oublie,
Ce sont des pleurs qu'il lave.

Il descend dans la fosse marécageuse
Parmi les félins qui dorment et qui veillent
Au bord des anguilles qui s'écaillent
Dans l'eau boueuse.

Il cherche dans ses poches de l'encre et du papier
Mais c'est un revolver qu'il balance sur le sol !
D'une fatale innocence, d'une transparence…
C'est une âme folle qui déploie son glaive !
Parce qu'elle aime et qu'elle déteste.
Cherche dans ses poches l'ultime détonation
Qui exploserait sur le champ !

« Qui êtes-vous ? », vocifèrent les juges.
« Je suis moi-même, et alors ? », dit-il en disparaissant.

Der Ankläger

Unter dem Stöhnen und Höhnen der Arena,
Im Schritte unhörbarer Schwingungen
Quer durchquerend tritt in den Sand
Der skeptische Ankläger …
Er riskiert einen Blick und vergisst,
Dass er Tränen vergießt.

Er steigt in die sumpfige Grube
Zwischen die Wildkatzen, die schlafen und wachen
Neben den Aalen, die sich häuten
Im schlammigen Wasser.

Er sucht in seinen Taschen nach Tinte und Papier
Doch ist es ein Revolver, den er auf den Boden wirft!
Mit schicksalhafter Unschuld, voller Klarsicht …
Eine verrückte Seele zückt ihr Schwert!
Weil sie liebt und weil sie hasst
Sucht sie in ihren Taschen nach dem letzten Schuss,
Der auf der Stelle losgehen würde!

»Wer sind Sie?« speien die Richter.
»Ich selbst, wer sonst?«, sagt er und verschwindet.

Même dans l'étreinte, le chemin revient.

Pendu

Rien ne sent meilleur que mon animalité,
Et sous mes yeux se dévoilent les paysages
attristés.
Dans ses yeux d'esclave,
L'amour sacrifié
Et dans les soirs, dans l'ombre du monde,
Il se tiendra immobilisé
Dans les peurs qui en lui s'en fondent.

Les pensées fluides,
Sang pur.
Qui ne peut lire dans la Nature ?
Pendu par le pied,
Qui ne sait pas marcher sur les mains ?
Même dans l'obscurité,
Le chemin revient.

Certains ferment les yeux,
Certains perdent les cartes.
Et dans leurs cheveux bleus se lisent les désastres.
Dans leur absence, dans leur silence,
Leur errance,
Y demeure et meurt l'espoir.
Dans l'attente, dans la naissance,
Saignent nos douleurs,
Vivons libres !

Aufgehängt

Nichts riecht besser als mein tierisches Wesen,
Vor meinen Augen entschleiern sich betrübte
Landschaften.
In seinen Sklavenaugen
Geopferte Liebe
Und abends, im Schatten der Welt,
Verharrt er unbeweglich
In Ängsten, die in ihm verschmelzen.

Fließende Gedanken,
Reines Blut.
Wer vermag nicht in der Natur zu lesen?
Wer vermag nicht auf Händen zu gehen,
Wenn er am Fuß aufgehängt ist?
Selbst in der Dunkelheit
Findet man seinen Weg.

Manche schließen die Augen,
Manche verlieren die Orientierung.
Und in ihren blauen Haaren lesen sich Katastrophen.
In ihrer Apathie, in ihrem Schweigen,
Ihren Wirren,
Bleibt und stirbt die Hoffnung.
Im Warten, in der Geburt
Bluten unsere Schmerzen,
Lasst uns in Freiheit leben!

rien ne sera jamais pareil, quand je serai dans un corps nouveau.

Une seconde mort (résurrection)

Je vois la mort chaque fois que je fume.
Vous savez, elle aime me dire bonjour.
Dans ses yeux noirs et taciturnes,
Elle me fait l'amour.

Je cours à la recherche du bonheur, mais
m'entendez-vous ?
Je sombre dans ces heures, mais le savez-vous ?
Nous aurions dû être éternels mais le mal nous
a donné la mort.

Rien ne sera jamais pareil,
Quand je renaîtrai dans un nouveau corps.

Elle m'embrasse chaque fois que je fume.
Vous savez, elle a le goût de l'amertume,
Dans ses yeux noirs et taciturnes...

Je cours à la recherche du bonheur, mais
m'entendez-vous ?
Je sombre dans ces heures, mais le savez-vous ?
Elle me regarde chaque fois qu'elle m'embrasse.

Vous savez, elle me dit :
« Ne me regarde pas car je lis la laideur dans tes yeux. »
Nous aurions dû être éternels mais le mal nous
a donné la mort.

Rien ne sera jamais pareil,
Quand je serai dans un corps nouveau.

Ein zweiter Tod (Auferstehung)

Jedes Mal sehe ich den Tod, wenn ich rauche.
Wisst ihr, er grüßt mich so gerne.
Mit seinen schwarzen, schweigsamen Augen
Nimmt er mich zum Liebhaber.

Ich renne auf der Suche nach dem Glück,
doch hört ihr mich?
Ich falle in diesen Stunden in Trübsal, doch wisst ihr es?
Wir hätten ewig sein sollen, doch das Böse hat uns den
Tod gebracht.

Nichts wird wieder so sein,
Wenn ich in einem neuen Körper auferstehe.

Er küsst mich jedes Mal, wenn ich rauche.
Wisst ihr, er hat diesen Geschmack von Bitterkeit
In seinen schwarzen, schweigsamen Augen ...

Ich renne auf der Suche nach dem Glück,
doch hört ihr mich?
Ich falle in diesen Stunden in Trübsal, doch wisst ihr es?
Er schaut mich jedes Mal an, wenn er mich küsst.

Wisst ihr, er sagt:
»Sieh mich nicht an, denn ich erblicke Hässlichkeit in
deinen Augen.«
Wir hätten ewig sein sollen, doch das Böse hat uns den
Tod gebracht.

Nichts wird wieder so sein,
Wenn ich in einem neuen Körper auferstehe.

2014
Après avoir circulé et déambulé à toutes les portes comme une pute. J'ai attrapé sa maladie.

Sans titre I

Je me souviens de cette douleur d'il y a bien longtemps, des milliers d'heures, des jours par milliards où je ne savais plus trop quoi faire. Je me trouvais en effet seul. J'examinais l'heure et ce qu'il restait de moi dans la glace vacillante. Les aiguilles tournaient dans le mauvais sens. On venait de fissurer puis de marquer la vitre ; un moment était mis de côté. Je devais m'en emparer puisqu'il était temps de glisser. L'agonie était lente, endormie dans mon être, à l'intérieur de ce que je ressentais. C'est comme ça que je me rappelais cette douleur flegmatique à des distances, assez loin. Mais qui finissaient toujours par me rattraper, à l'improviste. Quand je n'avais pas de temps, quand il était quatre heures alors qu'il était trois heures finalement, dans la nuit. Où l'insomnie nous pousse à dormir. Ce que j'attendais met du temps à réagir, dans la période fatidique du raisonnement...

Dehors, c'est déprimant. Il y a une flèche qui l'indique. Après avoir circulé et déambulé à toutes les portes comme une pute. J'ai attrapé sa maladie. J'ai la nausée lorsqu'on m'encule. On dirait que je crache un morceau de bile noire et mélancolique. Chaque fois que je me tourne pour apercevoir la brume par la fenêtre. Je ne peux même plus parler pour m'expliquer. Je suis devenu sourd. Je fais la tue-tête. (...)

Ohne Titel I

Ich erinnere mich an diesen langanhaltenden Schmerz, Tausende von Stunden, Milliarden von Tagen, an denen ich nicht mehr wusste, was tun. Ich war einsam. Ich starrte auf die Uhr und auf das, was noch von mir blieb, im schwankenden Spiegel. Die Zeiger drehten sich rückwärts. Jemand hatte das Glas zerbrochen und Spuren darauf hinterlassen; ein Augenblick fehlte. Ich musste ihn an mich reißen, denn es war Zeit zu gleiten. Die Agonie war langsam, eingeschlafen in meinem Sein, im Inneren meines Fühlens. So erinnerte ich mich an diesen dumpfen, fernen Schmerz, von weit her. Doch holte er mich immer wieder ein, wenn ich es nicht erwartete. Wenn ich keine Zeit hatte. Als es vier schlug und doch erst drei Uhr nachts war. Wenn die Schlaflosigkeit uns in den Schlaf treibt. Worauf ich wartete braucht Zeit, bis es wirkt, in diesen schicksalhaften Momenten des Nachdenkens ...

Draußen ist es deprimierend. Ein Pfeil zeigt dorthin. Ich hatte mich herumgetrieben und war alle Türen abgelaufen wie eine Hure. Ich habe ihre Krankheit eingefangen. Mir wird übel, wenn man mich von hinten nimmt. Es ist, als würde ich schwarze, melancholische Galle spucken. Jedes Mal, wenn ich mich umdrehe, um den Nebel vor dem Fenster zu sehen. Ich kann nicht einmal mehr sprechen, um mich verständlich zu machen. Ich bin taub geworden. Ich schreie tödlich auf. (...)

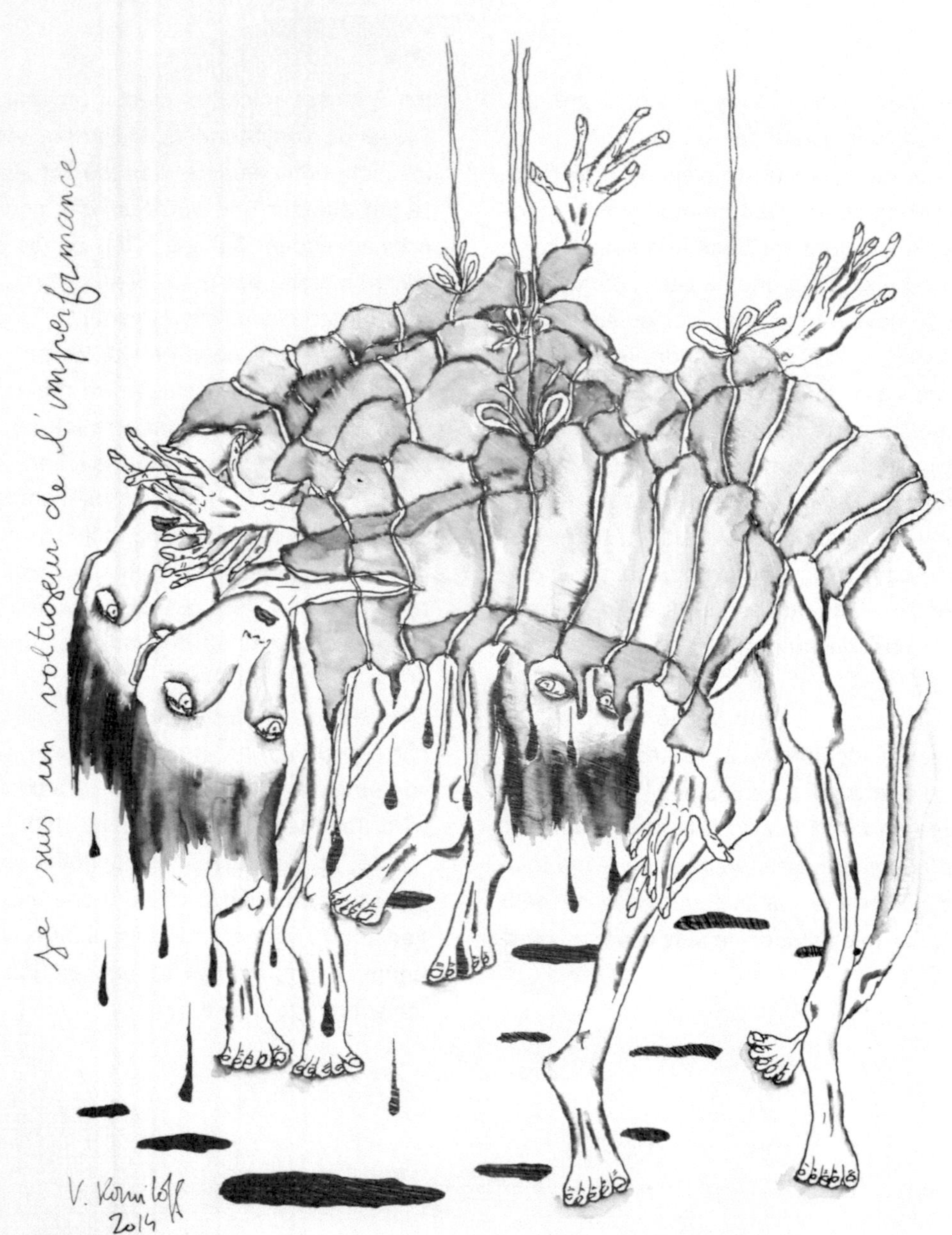
Je suis un voltigeur de l'imperformance
V. Korniloff
2014

Personne

Je suis cet esprit de sang,
Nu et éclairé par les courbes, de baisers.
Ma luminescence est d'un éclat pourpre
Qui renvoie un aspect vivant à l'explosion
d'elle-même
Sur les draps de nos disputes.
Je suis l'ange des langages qu'on donne aux pieux
Qui abandonnent qui ils sont,
Envers le respect de soi-même.

Je suis les formes que tu donnes aux cieux
Je suis l'encre de l'écume
Je suis les rivages entre le sillage de ce qui se
voit entre ce qui ne se voit plus
Je suis le temps avant la présence
Je suis l'instant qui court après mes pensées
Je suis un voltigeur de l'imperformance
Je suis un enfant grandi
Je suis le présent du passé
Je suis un architecte des décombres, creusant
le fantôme d'une catacombe
Je suis l'esprit intouchable de l'inhibition.

Je meurs...
Tout seul, je m'entends parler...
J'entends les sons se mouvoir...
Je m'isole dans l'obscurité...
Passant pour ne pas voir.

Niemand

Ich bin dieser Geist aus Blut und Küssen
Nackt und erhellt von Rundungen.
Mein inneres Leuchten von purpurnem Glanz
Verleiht der Explosion auf den Laken unserer
Streitereien einen lebhaften Ausdruck.
Ich bin der Engel der Sprachen, die man den
Frommen bringt,
Welche aufgeben, was sie sind,
Ohne Respekt vor sich selbst.

Ich bin die Formen, die du den Himmeln gibst
Ich bin die Tinte des Schaums
Ich bin die Welle am Ufer des Sichtbaren im nicht mehr
Sichtbaren
Ich bin die Zeit vor dem Gegenwärtigen
Ich bin der Augenblick, der meine Gedanken sucht
Ich bin ein Drahtseilkünstler der Unfähigkeiten
Ich bin ein großes Kind
Ich bin die Gegenwart der Vergangenheit
Ich bin ein Architekt der Trümmer, der das Wahnbild
einer Katakombe aushebt
Ich bin der unberührbare Geist der Hemmungen.

Ich sterbe …
Ich höre mich ganz allein reden …
Ich höre Töne sich bewegen …
Ich vereinsame in der Dunkelheit …
Ich gehe vorbei, um nicht zu sehen.

votre cage, qui s'entr'ouvre au sommet bas de votre démarche
2014

Madame

Madame, dame mienne…
Ma chair, très chère.
Portez-moi jusqu'à votre cage
Qui s'entr'ouvre au sommet bas de votre démarche.

Vos ongles sont des coquillages
Et vos yeux sont des pages
Que je tourne
Et que je cache
Au fur et à mesure que je les dépasse…

Venez boire ma petite, mon petit
À la source des plaisirs ruisselants
Dans la gorge du donneur-donnant
Qui prie pour s'en sortir
Des crises nerveuses qui le retiennent
D'un danger proche.

Tu as des yeux dont je me remémore
Des négatifs par centaines
Qui se succèdent jusqu'au point-mort
De tes yeux bleus.

Madame

Madame, meine Dame …
Mein Leib, meine Liebe.
Führen Sie mich in Ihren Käfig,
Der am Höhepunkt Ihres Schrittes halb sich öffnet.

Ihre Fingernägel sind Muscheln
Und Ihre Augen sind Buchseiten,
Die ich umschlage
Und die ich verstecke,
Sobald ich sie überwunden habe …

Trinken Sie, meine Kleine, mein Kleiner
An der Quelle sprudelnder Freuden
In der Kehle des Gebenden, der gibt,
Der darum betet,
mit den Nervenkrisen zurecht zu kommen,
die ihn vor nahender Gefahr bewahren.

Du hast Augen, an die ich zurückdenke,
Hunderte von Negativen,
Die sich aneinander reihen bis zum Totpunkt
Deiner blauen Augen.

et lorsque le chemin qu'il a pris se croise, il se sépare de lui-même

2014

Gentleman

Mon si(eu)r, mon seigneur… Adam, Dieu le père !
Achetez mon sang à la prostituée,
Résidente du marché noir.

Mon diable, mon doux architecte précis sur la valeur
Vous possédez un intérieur irrévocable
Sous ce sourire de dormeur.
Votre désespoir se dissipera
Après tant d'acharnement
Lorsqu'on réalisera
Le pourquoi-du-comment.

Lorsqu'il ferme les yeux, il pose sa main contre son cœur
Pour apaiser une douleur de lion en cage.
Lorsqu'il pleure, il ouvre ses yeux pour verser
ses veines.
Il alterne sa vision entre la nuit et la lumière, entre le
soleil et la lune, il creuse une barrière.
Et lorsque le chemin qu'il a pris se croise, il se sépare
de lui-même.

Allongé, étendu de toute ma longueur, sur un canapé
en cuire,
Je tends ma main vers les entre-jambes puis,
Je reprends ma respiration lorsque quelqu'un approche.
Je puise de tes gestes la lenteur d'un égard.
Distingué en cadences, en paraphrases démolies…

Gentleman

Mein Herr, mein Herr(licher) … Adam, Gottvater!
Kaufen Sie mein Blut bei der Prostituierten,
Der Bewohnerin des schwarzen Marktes.

Mein Teufel, mein sanfter, genau rechnender Architekt
Sie besitzen ein unumstößliches Inneres
Unter diesem Lächeln eines Schlafenden.
Ihre Verzweiflung wird sich auflösen
Nach all dieser Versessenheit,
Sobald man versteht,
Weshalb-wieso-warum.

Wenn er die Augen schließt, legt er die Hand aufs Herz,
Um den Schmerz des Löwen im Käfig zu lindern.
Wenn er weint, öffnet er die Augen, um seine Adern
auszugießen.
Sein Blick geht von Nacht zu Licht, von Sonne zu Mond,
er gräbt eine Grenze.
Und wenn sich sein Weg gabelt, trennt er sich
von sich selbst.

Lang hingestreckt auf einem Ledersofa,
Schiebe ich die Hand in meinen Schritt und
Atme durch, wenn sich jemand nähert.
Aus deinen Gesten schöpfe ich langsame
Aufmerksamkeit,
Die sich zuweilen in missglückten Andeutungen äußert …

les diables ont tous les droits
V. Korniloff
2014

Le Soleil

Nous voilà, consolés.

À l'ombre, dans cet étrange après-midi.
Nous sommes le monde, désintéressés
Par la réalité de la vie.

Mais au soleil,
Dans le poison,
Nous avons tous les droits.

Fornique la raison !

Nous voilà, Divinité,
Protégés par les regards noirs.

Nous sommes le jeu, mort destinée,
Pour la réalité de la vie.

Mais au soleil,
Dans le poison,
Nous avons tous les droits.

Fornique la raison !
Fornique la raison !

Les diables ont tous les droits.
Fornique la raison !

Die Sonne

Da stehen wir, versöhnt.

Im Schatten, an diesem seltsamen Nachmittag.
Wir sind die Welt, unbeteiligt
An der Wirklichkeit des Lebens.

Aber in der Sonne,
Im Gift,
Machen wir, was wir wollen.

Fick dich, Verstand!

Da stehen wir, Gottheit,
Geschützt durch schwarze Blicke.

Wir sind ein Spiel, dem Tod geweiht,
In der Wirklichkeit des Lebens.

Aber in der Sonne,
Im Gift,
Machen wir, was wir wollen.

Fick dich, Verstand!
Fick dich, Verstand!

Die Teufel machen, was sie wollen.
Fick dich, Verstand!

le garçon fou

La nuit (Le garçon fou)

Nous sommes défoncés.
Les morceaux que nous rassemblons ensemble
Nous rendent si déglingués.
Quand passerons-nous de l'autre côté ?

Réveillez-vous, ennemies de votre tristesse.
Suivez-moi dans la rue jusqu'à ce qu'on en finisse.

Nous sommes la nuit,
Les lumières que nous reflétons,
Désinhibés.

Réveillez-vous, ennemies de la paresse,
De la souffrance et de l'angoisse !
Attrapez-moi dans la rue qu'on en finisse.

Dans la nuit, la chair,
Dans son œil, tu demeures.
Et dans l'eau disparaît mon âme
Et dans les rayons se brise mon esprit.

Ennemies,
Chiens aboyant sous la belle lune !
Fuyez dans le monde invisible !
Vous vous trouverez !

Der umnachtete Junge

Wir sind stoned.
Das Zeug, das wir gemeinsam beschaffen,
Macht uns fertig.
Wann gelangen wir auf die andere Seite?

Wacht auf, Feinde eurer Traurigkeit.
Folgt mir auf die Straße, bis alles zu Ende geht.

Wir sind die Nacht,
Die Lichter, die wir widerspiegeln,
Hemmungslos.

Wacht auf, Feinde der Faulheit,
Des Leidens und der Angst!
Fangt mich auf der Straße, lasst uns Schluss machen.

In der Nacht, im Leib,
In seinem Blick verbleibst du.
Und im Wasser verschwindet meine Seele
Und in den Strahlen bricht sich mein Geist.

Feinde,
Bellende Hunde im gleißenden Mondlicht!
Flüchtet in die unsichtbare Welt!
Ihr werdet euch finden!

Je suis les déchets qui tournent
2014

Sans titre II

Cette ville est d'une grande solitude, personne ne chante. Personne ne cherche jusqu'au fond de la terre, ne creuse de souvenirs pour tout enflammer ! Personne ne se moque du bonheur, personne ne sourit. Ne donne vie au paysage qui défile devant soi, ne le tourne dans tous les sens.

Je fume dans l'air qui me sied. Je marche dans les rues qui se suivent, contre le vent qui m'emporte, qui me tient les hanches, puis, qui me balance. Je suis ces déchets qui tournent, tournent et qui se retournent encore contre les voitures qui passent et qui klaxonnent.

Les conducteurs s'étonnent et s'en moquent. S'ils prenaient leur sarcasme du bon côté, ils traverseraient la chaussée pour renverser mon corps inutile !
(...)

Ohne Titel II

Diese Stadt ist von großer Einsamkeit, niemand singt. Niemand sucht bis ins Innerste der Welt, niemand gräbt in Erinnerungen, um alles zu entflammen! Niemand macht sich über dieses Glück lustig, niemand trägt ein Lächeln. Niemand haucht der vorüberziehenden Landschaft Leben ein, niemand geht ihr auf den Grund.

Ich rauche, die Luft umschmeichelt mich. Ich streiche durch Straßenschluchten, gegen den Wind, der mich davonträgt, der mich bei den Hüften packt, mich umwirft. Ich bin der Müll, der wirbelt, umherfliegt und auffliegt gegen die Autos, die vorbeifahren und hupen.

Die Fahrer wundern sich und spotten. Wenn sie ihren Zynismus ernst nähmen, würden sie über die Straße preschen und meinen nutzlosen Körper überfahren!
(...)

Les oiseaux tombent avant leur entrée en cage…
2014

La nature indolore

Je prends la vie pour me reposer sur terre…
À l'ombre des fenêtres, contemple les nuages qui, contre les carreaux, se jettent !

Les oiseaux tombent avant leur entrée en cage…
Il pleut des cordes attachées sur les fleurs…
La buée s'éclate à l'apparition d'un solstice en ligne fade…
S'écartent les rivages comme des jambes, s'entrouvre la rivière…

Coule la rosée à la tombe des herbes et des roses…
Ô superbe ! Pollen irritant, encens suprême !
De pétales tachés qui gisent comme des lumières, indéfinis polygones.

La nuit s'installe sur l'eau qu'elle fissure…
Elle glace tout ce qu'elle respire…
Elle écoute le ressac des vagues lancinantes de la mer, dans le fond creux de son coquillage.
Il émet les plus belles sonorités de détresse.

Une pluie de fumée verse un brouillard sur l'horizon qui perd la ligne,
De l'autre coté, l'on trouve des éteins-celles :
Carcasses de bois à la peau écartelée qui flue, qui reflue.

Les piliers se noient en l'eau claire pour surgir de leurs ressemblances comme des âmes narcissiques.

Des tulipes miroitantes renvoient leurs rayons de soleil, provenant de leurs cœurs, en pollen…
Des roses tailladées brillent sous la pluie, en gouttes d'eau transparentes…

J'observe la nature, dos au monde. Sur l'horizon, face aux rivages.

Schmerzfreie Natur

Ich lebe mein Leben, um mich auf Erden zu erholen …
Im Schatten der Fenster betrachte ich die Wolken, die gegen die Scheiben peitschen!

Vögel fallen vom Himmel, bevor sie den Käfig erreichen …
Es regnet Bindfäden auf Blumen …
Dunst löst sich beim Sonnenaufgang aus fahlem Horizont …
Es spreizen sich die Ufer wie Schenkel, es öffnet sich der Fluss …

Am Grab tropft der Morgentau von Gräsern und Rosen …
Oh wie herrlich! Reizende Pollen, höchste Düfte!
Gefleckte Blütenblätter ruhen wie Lichter unbestimmter Polygone.

Die Nacht legt sich auf rissiges Wasser …
Sie gefriert alles, was sie atmet …
Sie hört die Brandung der reißenden Meereswellen im inneren Hohl ihrer Muschel.
In ihr rauschen die schönsten Klänge der Verzweiflung.

Nebelschwaden wabern, in der Ferne verschwimmt der Horizont,
Auf der anderen Seite wohnen die Auslöscherinnen:
Hölzerne Gerippe mit Hautfetzen, die hin und her flattern.

Säulen versinken in klaren Gewässern, um aus ihren Spiegelbildern wie narzisstische Seelen aufzutauchen.

Glänzende Tulpen spiegeln Sonnenstrahlen, die aus ihren Herzen strömen wie Pollen …
Zerritzte Rosen gleißen unter dem Regen, in durchsichtigen Wassertropfen …

Ich beobachte die Natur, der Welt den Rücken zugekehrt, hin zum Horizont, den Ufern gegenüber.

Je me tenais d'une arrogante posture, tel un pur
V. Korniloff
2014

Statue

Epitaphe :
« Tu me sens, ignorant, que j'existe »

Du bas de mon ombre
Je me tenais d'une arrogante posture tel impur
Alors que je me frappais la tête tel cupide
Alors que je me mordais la langue comme une hypocrite.

Un corbeau est apparu en volant
Dans tous les sens, tous les termes !
Je n'ai rien compris tel un meurtrier
blessé par ma faute
Surpris, je me suis entrevu agonisant.

Survolant la nature souffrante
Persécuté par leurs battements d'ailes résonnant comme
des balles.
Je me suis précipité dans la fumée de leur traîne...
Ils explosèrent.

Je suis celui qui m'emporte.

Statue

Grabinschrift:
»Du spürst mich und weißt nicht, dass ich bin«

In der Tiefe meines Schattens
Stand ich wie unrein in überheblicher Haltung,
Schlug mir wie wild auf den Kopf
Und biss mir auf die Zunge wie eine Heuchlerin.

Ein Rabe erschien,
Flog wie von Sinnen in alle Richtungen!
Ich verstand nichts, wie ein von meiner Hand
verletzter Mörder,
Überrascht sah ich mich mit dem Tode ringen.

Ich überflog die leidende Natur
Verfolgt von Flügelschlägen, die wie Gewehrschüsse
hallten.
Ich stürzte mich in ihre Rauchfahnen …
Sie explodierten.

Ich selbst bin es, der mich davonträgt.

Je pense encore au jour où j'ai été en guerre

V. Kerniloff
2014

Mort-vivant

Je me tiens comme un soldat.
Je pense encore au jour où j'ai été en guerre.
Je domine le monde lequel je passe à travers,
Débarrassé de culpabilité et de sida.

Alors que j'ai atteint l'espace,
Que je me suis écarté des souffrances,
Je n'entends plus ma voix.
J'ai trop bien conscience de ce qui est là,
Et demande : pourquoi ?

La parole ne dit rien sur l'embrasement ou
l'embrassement
Du corps et de l'esprit,
De ce feu qu'on allume avec des cailloux
Et qui fait temps mort.

Lebend begraben

Ich stehe aufrecht wie ein Soldat.
Ich denke noch an den Tag, als ich im Krieg war.
Ich beherrsche die Welt, die ich durchschreite,
Erlöst von Schuld und Aids.

Jetzt, da ich Abstand gewonnen habe,
Da ich mich vom Leiden befreit bin,
Höre ich meine Stimme nicht mehr.
Mir ist das Dasein nur zu bewusst,
Und ich frage: Warum?

Worte sagen nichts über Wohl und Wehe
Von Körper und Geist,
Von diesem Feuer, das man mit Steinen entfacht
Und das den Lauf der Zeit anhält.

il était un monde cruel,
au présent surnaturel

La Tour Vide

Il était une ville de bougies et de cierges,
Les ombres y mimaient des étincelles, des instants
de survie.
Il était une église de vierges dans un jardin
enchanté,
Mortes en perdant la vue.
Il était un monde cruel, au présent surnaturel.

Au milieu de l'univers, en son centre,
Au bord du précipice, je bois encore
Et laisse apercevoir
Les fenêtres, les portes, les plafonds, les sols et les murs
D'une tour.

Une vague somnolente me vide...

Der leere Turm

War einmal eine Stadt von Lichtern und Kerzen,
Schatten spielten wie Funken, Augenblicke
des Überlebens.
War einmal eine Kirche von Jungfrauen in einem
verzauberten Garten,
Die erblindeten und starben.
War einmal eine grausame Welt, übernatürlich erhellt.

Mitten im Universum, in seinem Zentrum
Am Rande des Abgrundes trinke ich weiter
Und lasse
Fenster, Türen, Decken, Böden und Mauern
Eines Turmes erscheinen.

Eine schläfrige Welle leert mich ...

un masque qui m'esquissa un sourire chaleureux-malheureux.
Il me dit sans réfléchir
« Je ne me soucie guère de mourir demain, je m'inquiète
de vivre ! »

V Korniloff
2014

De passage

« Bonjour, je viens à vous car j'ai été seul tout ce
temps. »
« À mon tour, de vous témoigner ma solitude d'existant. »

C'est alors que je m'adressai à un masque qui
m'esquissa
Un sourire chaleureux-malheureux.
Il me dit sans réfléchir :
« Je ne me soucie guère de mourir demain, je m'inquiète
de vivre ! »

Je l'accrochai sur le porte-manteau en bec-de-cygne et
me dit,
En tournoyant à l'extrême :
« Vous avez une mine bien décevante, voyez-vous ? »
Ses dents se refermèrent sur elles-mêmes pour
ne rien voir.

Zu Besuch

»Guten Tag, ich komme zu Ihnen, da ich die ganze Zeit
über allein war.«
»Es ist an mir, Ihnen von der Einsamkeit meines Seins
zu berichten.«

In diesem Augenblick sprach ich zu einer Maske,
Die ein herzlich-schmerzliches Lächeln andeutete.
Sie sagte mir, ohne zu zögern:
»Ich sorge mich kaum darum, morgen zu sterben,
zu leben beunruhigt mich!«

Ich hängte die Maske an einen geschwungenen
Garderobenständer,
Wild pendelnd sagte sie:
»Sie machen einen ziemlich enttäuschenden Eindruck.
Finden Sie nicht auch?«
Ihr Gebiss verschloss sich, um nichts mehr zu sehen.

j'ai souffert comme on ne peut imaginer…

Les vents

Attrapé par les rayons in-extremis
De la pluie sauvage et soudaine de l'hiver
Qui coule jusque sur les tuiles
D'arc-en-ciel et de prismes.

J'avance seul dans le jardin,
Suivi dans les allées…
Écoute mon pas léger
Jusqu'au bord d'un mur.

Attaqué par les vents qui frémissent
Par les secousses d'un intérieur
Aux parois qui blêmissent
Ô force et torpeur !

J'ai souffert comme on ne peut imaginer…
Et les mots, les milliers
De phrases ne pourront faire ressentir ou penser
Ô grand jamais !

Je crois au silence qui emmène
Aux jours longs et au jour unique
Qui prend son temps…
Ô temps qui traîne, forge mon armure !

J'avance dans ma mémoire,
Ecoute mon pas léger
Jusqu'à ce que je rentre chez moi.

À des années lumières
De mots et de phrases
Qui ne sont pas d'ici.

Winde

Erfasst von den allerletzten Strahlen,
Ergießt sich ein wilder und plötzlicher
Winterschauer über Dachziegel,
aus Regenbögen und Prismen.

Ich schreite allein in den Garten,
Verfolgt auf jeden Schritt …
Lausche meinem leichten Tritt
Bis hin an den Fuß einer Mauer.

Angegriffen von schaudernden Winden
Von inneren Beben
Von erbleichenden Wänden.
Welche Kraft, welche Benommenheit!

Ich habe unvorstellbar gelitten …
Und Worte, Tausende von Sätzen
Können weder Gefühle noch Gedanken auslösen,
Oh ewiges Niemals!

Ich glaube an das Schweigen, das hinführt
An lange Tage und den einzigen Tag,
Der sich Zeit lässt …
Oh schleichende Zeit, schmiede meine Rüstung!

Ich schreite hinein in meine Erinnerungen,
Lausche meinem leichten Tritt
Bis ich zu Hause ankomme.

Lichtjahre entfernt
Worte und Sätze,
Die nicht von hier sind.

Je ne sais plus !
Je quitte le monde dans l'angoisse vivante !
Que je perde la tête, que je me détache de mon être !

Porté par les vents qui frémissent
Par les secousses de l'être
Aux parois qui blêmissent
Ô torpeur !

Frappé par les rayons in-extremis
De la pluie ancienne et sauvage de l'hiver
Dans des souvenirs glaciaux…

Ich weiß nicht mehr weiter!
Ich verlasse die Welt in lebendiger Angst!
Entreiße mir den Verstand, erlöse mich von meinem Sein!

Getrieben von schaudernden Winden
Von den Beben des Seins
Gegen erbleichende Wände.
Welche Benommenheit!

Getroffen von den allerletzten Strahlen
Ein alter und wilder Winterschauer
In eisigen Erinnerungen …

qu'on me sèche et qu'on m'essore
que l'on boive dans les réserves,
mon mercure indolore.

Idées noires

Je descends l'escalier en spirale,
M'appuyant contre les murs.
La glace bloque les visages qui s'allongent en portraits.
De leurs bouches sortent tous les mensonges qui se
dégradent.
Je les caresse de mes doigts,
Les marches crépitent sous mes pas.
Je les enflamme.
Dans l'ombre, je les plonge.

De la mesure, de la tourmente...
De la mesure sur chaque instinct.
Des mots pour nos sentiments,
Des révélations.

Su-bli-mi-nal
Lourdeur qui rampe jusqu'au plaisir...
Espace sidéral.

Qu'on me balade, qu'on me torde
Qu'on me sèche et qu'on m'essore
Que l'on boive dans les réserves
Mon mercure indolore.

De la mesure... De la mesure...
Une ligne qui joint les paroles ensemble, réunies...
Des ramures de fruits...
Une main qui voile et qui dévoile ce qui s'y cache
Entre les éclairs qui frappent
Les arbres au hasard de la pluie.

Su-bli-mi-nal
Lourdeur qui rampe jusqu'au plaisir...
Lenteur qui coule de mon désir...
Espace sidéral.
Lourdeur qui monte jusqu'au ciel tout puissant !

Schwarze Gedanken

Ich steige die Wendeltreppe hinab,
Halte mich an den Wänden.
Spiegel lassen Gesichter verzerren, die zu Porträts
erstarren.
Immer schlimmere Lügen entweichen Ihren Mündern,
Ich streichle sie mit meinen Fingern,
Die Stufen knarzen unter meinen Schritten.
Ich entflamme sie.
Tauche sie in Schatten.

Vernunft und Sturm ...
Vernunft in allen Sinnen.
Worte für unsere Gefühle,
Offenbarungen.

Un-ter-schwel-lig
Trägheit kriecht bis zur Lust ...
Sternenraum. Sternenzelt.

Soll man mich verschaukeln, mich auswringen,
Soll man mich trocknen und schleudern;
Lasst uns in den Vorräten
Mein schmerzfreies Quecksilber trinken.

Haltet Maß ... Haltet Maß ...
Eine Linie verbindet die Worte, vereint ...
Zweige mit Früchten ...
Eine Hand verhüllt und enthüllt, was sich versteckt,
Blitze schlagen in Bäume ein,
Wahllos dem Regen ausgesetzt.

Un-ter-schwel-lig
Trägheit kriecht bis zur Lust ...
Langsamkeit strömt aus meiner Wollust ...
Sternenraum. Sternenzelt.
Trägheit steigt hinauf zum allmächtigen Himmel!

les ombres d'un triangle
2014

Sans nom

Au regret des paroles, des sortilèges d'amour,
Simplement vivant.
Dans l'effroyable passage,
Rampant doucement.
Douleur sage
Qui erre par là.

L'œil de ton âme
Le poing de ton cœur
Me regardent où que j'aille.

Nous étions des ennemis
Mais maintenant, nous sommes
Les ombres d'un triangle.
L'union des contraires
L'union des contrastes.

Les boucliers et les armes.
L'Art de la guerre
Me purifie.

Nous étions fous
Mais maintenant, nous sommes
Les profondeurs du monde.
Longue vie Misère
Longue vie aux hommes !

N'oubliez pas de prétendre
Femmes, n'oubliez pas de voir
L'image d'un autre monde !

Car aucune agitation
Aucune émotion
Pour ceux qui descendent
Dans l'eau pure de votre Amour.

Unbeschreiblich

In Sehnsucht nach Worten, nach Liebeszauber,
Einfach nur leben.
Entsetzlich durch irdische Wirren
Langsam kriechen.
Weise Schmerzen
Dort irren.

Das Auge deiner Seele
Der Schlag deines Herzens
Schauen mich an, wo immer ich gehe.

Wir waren Feinde
Aber jetzt sind wir
Die Schatten eines Dreiecks.
Einheit der Widersprüche
Einheit der Gegensätze.

Schutzschilder und Waffen.
Die Kriegskunst
Reinigt mich.

Wir waren verrückt
Aber jetzt sind wir
Die Tiefen der Welt.
Lang lebe das Elend
Lang lebe die Menschheit!

Frauen, vergesst eure Absichten nicht,
vergesst nicht,
das Bild einer anderen Welt zu sehen!

Keine Aufregung
Kein Mitleid
Für jene, die ins reine Wasser
Eurer Liebe gehen.

les sourds peuvent m'entendre avec le silence, le silence qui remplit mes pages blanches

V. Karnilof
2014

Page Blanche

Entendez qui aboie dans la cage ! Les yeux vides des filles pleurent sur mes blanches pages les images sont celles de mon agonie, l'agonie de ces filles aux yeux vides qui pleurent sur mes blanches pages. Entendez qui aboie dans la cage ! Les sourds peuvent m'entendre avec le silence, le silence qui remplit mes pages blanches.

L'alarme n'a pas sonné dans la tête, dans les têtes malheureuses des garçons, qui rient en entendant mon âge, les têtes malheureuses des garçons qui blêmissent mon innocence ; les garçons qui tiennent mon corps en transe sont des malheureux garçons qui dans leurs têtes frappent ma conscience, ô mon doux cauchemar !

Les corbeaux chantent pour moi les matins parfumés de pluies envahissantes et les pilules que les corbeaux avalent les matins goûteux de malchance pour vivre et oublier le passé qui demeure, dans l'ignorance de ta fumée, les corbeaux chantent ce matin parfumé !

Dans la rivière de ce flacon, se trouve la source de mon sang. Les courants frappent les parois. Dans la rivière de ce flacon se jette la rivière en amont, liberté de mon sang qui sera présent ce sang du passé ; en amont, se trouve la source de mon sang.

Regardez qui aboie dans la cage ! Les vaseuses pensées des filles pleurent sur mes blanches pages le passé est le souvenir de mon agonie, l'agonie de ces filles aux pensées vaseuses qui pleurent sur mes blanches pages.

Weißes Blatt

Hört, wer im Käfig bellt! Die leeren Augen der Mädchen weinen auf meine weißen Blätter die Bilder meines Todeskampfes, der Todeskampf der Mädchen, die auf meine weißen Blätter weinen. Hört, wer im Käfig bellt! Taube können mich mit Stille hören, mit Stille, die meine weißen Blätter füllt.

Keine Alarmglocke läutete im Kopf, in den unglücklichen Köpfen der Jungen, die lachen, wenn sie mein Alter hören, den unglücklichen Köpfen der Jungen, die meine Unschuld erbleichen lassen; die Jungen, die meinen Körper in Trance halten, sind unglückliche Jungen, die in ihren Köpfen mein Gewissen schlagen, oh süßer Albtraum!

Raben krächzen für mich am Morgen, der nach überschwemmendem Regen duftet, und die Pillen, die die Raben morgens schlucken, schmecken nach dem Unglück zu leben und dem Vergessen der Vergangenheit, die doch andauert, ungeachtet deines Rauches singen die Raben diesen duftenden Morgen!

Im Strom dieses Fläschchens findet sich die Quelle meines Blutes. Strömungen branden gegen das Glas. In den Strom dieses Fläschchens ergießt sich flussaufwärts ein anderer Strom, Freiheit meines Blutes wird das Blut der Vergangenheit sein; flussaufwärts findet sich die Quelle meines Blutes.

Schaut, wer im Käfig bellt! Verworrene Gedanken der Mädchen weinen auf meine weißen Blätter, die Vergangenheit ist das Erinnern an meinen Todeskampf, der Todeskampf der Mädchen mit ihren verworrenen Gedanken, die auf meine weißen Blätter weinen.

Regardez qui aboie dans la cage ! Les aveugles peuvent me regarder avec le silence, le silence qui s'écrit sur mes pages blanches...

J'étais le seul à te croire quand les chiens se couchaient.
J'étais le seul à te voir à travers les reflets.
Malgré toute ma colère je reste un rat en cage.

Schaut, wer im Käfig bellt! Blinde können mich mit Stille sehen, Stille, die sich auf meine weißen Blätter schreibt ...

Ich war der Einzige, der dir glaubte, als die Hunde sich niederlegten.
Ich war der Einzige, der dich hinter den Spiegelungen sah.
Trotz all meiner Wut bleibe ich eine Ratte im Käfig.

À ce que tu meurs, je m'y attendais comme la fleur qui tombe.
V. Kowald
2014

Confession

À ce que tu meures, je m'y attendais
Comme la fleur qui tombe.

Les pleurs ont des reflets nauséabonds
Dans des douleurs d'outre-tombe.

À ce que tu souffres, j'en riais déjà au loin
À l'ombre d'un matin.

Tu vivais comme je vis,
On courait partout.
C'était à bout de bras,
On tombait à genoux.

Sacristie.

Beichte

Dass du sterben würdest, erwartete ich
Wie das Fallen der Blüten.

Tränen spiegeln sich widerlich
In den Schmerzen des Jenseits.

Dass du leidest, darüber lachte ich schon lange
Im Schatten eines Morgens.

Du lebtest, wie ich lebe,
Wir liefen überall hin.
Mit letzten Kräften
Fielen wir auf die Knie.

Sakristei.

Nous sommes devenues les monstres, les souvenirs comme des fantômes de ce qu'on était

Vanité

Au secours du monde dans l'espérance du vide
Et de toutes les vérités.
Donner l'amour et tout pardonner
À la misère de l'absence.

Ne pouvant s'évader
Ne pouvant se rejoindre
Ni se parler
Et se dire qu'on se ressemble.

Nous sommes seuls et ne sommes plus ensemble,
Quand on nous a assez promis et assez menti,
Nous ne sommes plus les mêmes,
Personne
Ne nous a jamais démentis.

Au secours du monde dans l'espérance du vide
Et de toutes les vérités.
Donner l'amour et tout pardonner
À la misère de l'absence.

Ne pouvant s'évader
Ne pouvant se rejoindre
Ni se parler
Et se dire qu'on se ressemble.

Nous sommes cruels et pour toujours contre,
Alors que nous étions les mêmes.
Nous sommes devenus les monstres,
Les souvenirs comme des fantômes
De ce qu'on était.

Ne pouvant s'évader
Ne pouvant se rejoindre
Ni se parler
Et se dire qu'on se ressemble.

Vergänglichkeit

Zur Rettung der Welt in der Hoffnung auf Leere
Und auf alle Wahrheiten.
Lieben und dem Elend des Mangels
Alles verzeihen.

Nicht entfliehen können,
Weder sich vereinen
Noch sich sprechen können
Und sich einreden, dass man sich ähnelt.

Wir sind einsam und nicht mehr vereint,
Man hat uns so viel versprochen, uns belogen,
Wir sind verflogen.
Niemand
Hat uns jemals verneint.

Zur Rettung der Welt in der Hoffnung auf Leere
Und auf alle Wahrheiten.
Lieben und dem Elend des Mangels
Alles verzeihen.

Nicht entfliehen können,
Weder sich vereinen
Noch sich sprechen können
Und sich einreden, dass man sich ähnelt.

Wir sind grausam und für immer entzweit
Und waren doch die gleichen.
Wir sind zu Gespenstern geworden,
Zu Erinnerungen an die Geister
Derer, die wir waren.

Nicht entfliehen können,
Weder sich vereinen
Noch sich sprechen können
Und sich einreden, dass man sich ähnelt.

les ombres des fenêtres dépassent s'y glissent des visages, laissent des adieux, des traces.
2014

L’invention du ciel

Je pointe mon index vers les cieux qui se détruisent
Les cendres s’embrasent sous la brise
Le brouillard au matin dissipe les rides
D’une longue attente…
Je suis las.

Je suis ici et là
Je dis les choses comme ils ou elles viennent
Bats le tempo de mes mains.
Elles me disent,
En démêlant mes cheveux, en dévorant des poux :
« Laisse aller ton imagination,
Délivre tes pulsions. »

Il fait froid dans l’armoire à glace,
Les ombres des fenêtres dépassent,
S’y glissent des visages,
Laissent des adieux, des traces.
Je suis ici et là-bas. Là-bas !

J’enfonce mes doigts dans les yeux,
Je brûle de m’endormir.

On me dit,
En découpant mon corps,
En caressant ma peau :
« Laisse aller ton imagination,
Traverse les dimensions. »

La mort surgit comme des bras fous pour vous saisir,
elle se brise.
La vie tisse sa toile et s’éternise.
L’existence s’adapte au fond qu’elle matérialise.
L’univers en est sa cape, le temps se fige.

Die Erfindung des Himmels

Ich zeige mit dem Finger auf sich zerstörende Himmel,
Asche flammt auf unter den Windstößen,
Morgendlicher Nebel verhüllt die Falten
Eines langen Wartens …
Ich bin es leid.

Ich treibe mich herum
Sage Sachen, wie Männer oder Frauen es gerade wollen
Schlage den Takt mit meinen Händen.
Sie sagen mir,
Während sie meine Haare entwirren, Läuse verschlingen:
»Lass deiner Phantasie freien Lauf,
Gib dich deinen Trieben hin.«

Im Spiegelschrank ist es kalt,
Fenster werfen tiefe Schatten,
Gesichter erscheinen,
Hinterlassen Abschiede und Spuren.
Ich bin hier und dort. Da unten!

Ich bohre meine Finger in die Augen,
Brenne darauf einzuschlafen.

Man sagt mir,
Meinen Körper zerschneidend,
Meine Haut streichelnd:
»Lass deiner Phantasie freien Lauf,
Durchschreite Zeit und Raum.«

Wild fuchtelnd springt der Tod hervor, will Euch ergreifen,
doch scheitert.
Das Leben spinnt sein Netz, wird Ewigkeit.
Sein Umhang ist das Universum,
Das Dasein verschmilzt mit sich selbst, alle Zeit erstarrt.

les mots peuvent danser avec les phrases
V. Korniloff
2014

Lettre à Dieu

Je viens de recevoir une lettre qui comporte toutes les signatures célestes. Les revers de bonjour et d'au revoir, nobles « à bientôt, peut-être » qui ramènent à quelques moments inoubliables, gardés secrets pour plus tard. Des retours à la ligne, incapables de s'étendre jusqu'à une idée. Des majuscules lassantes, des mots écrits à la va-vite. Des points finaux entrecoupés de virgules instables, de points de suspensions...

Il sème sa trace derrière les brides de temps qu'il grave au stylo. De larges intervalles que font les angles de son bras lorsqu'il revient à la ligne pour penser un mot. Que veut-il dire par : « Je constate que les adieux furent courts. L'attente m'a semblé longue et légère. J'ai imaginé quelques départs, arrêté au large d'une rivière. » ? Les mots peuvent danser avec les phrases ! Et couler jusqu'au-dessous des galets et des pierres ! Je n'en ai plus rien à foutre. Ils peuvent s'aspirer dans le sable !

Que nous seuls ayons les clefs du mystère pour ne plus revenir aux limites qui nous entravent. Se blesser, se cracher à la figure comme deux esclaves d'une peine commune...

Ouvre-moi ta porte, que je te visite à n'importe quelle heure. Crie mon nom ! Appelle-moi dans la nuit.

Gottes Brief

Ich habe gerade einen Brief empfangen, der sämtliche himmlische Unterschriften trägt. Nachklänge von »Guten Tag« und »Auf Wiedersehen«, von edlen »Bis bald, vielleicht«, erinnern an unvergessliche Augenblicke, die verborgen bleiben für spätere Zeiten. Beginn neuer Absätze, unfähig, sich zu einem Gedanken zu entwickeln. Ermüdende Großbuchstaben, auf die Schnelle hingeschriebene Wörter. Schlusspunkte von wackligen Kommas durchbrochen, Auslassungszeichen ...

Er sät in die Furche, die er mit einem Stift hinter den Zügeln der Zeit gräbt. Große Leerzeilen bilden sich durch seinen abgewinkelten Arm, sobald er einen neuen Absatz beginnt, um ein Wort zu denken. Was will er sagen mit: »Ich stelle fest, der Abschied war nur von kurzer Dauer. Das Warten erschien mir lang und leicht. Ich habe mir Abschiede vorgestellt, verhaftet in den Weiten eines Flusses.«? Worte können mit Sätzen tanzen und bis unter Kiesel und Steine fließen! Mir ist alles egal. Sollen sie doch ersticken im Sand!

Hätten wir doch nur die Schlüssel des Geheimnisses für uns allein, um niemals mehr an die Grenzen zu stoßen, die uns Fesseln anlegen. Sich verletzen, sich ins Gesicht spucken wie zwei Sklaven einer gemeinsamen Strafe ...

Öffne mir deine Tür, auf dass ich jederzeit zu Dir komme. Schreie meinen Namen! Rufe nach mir in tiefer Nacht!

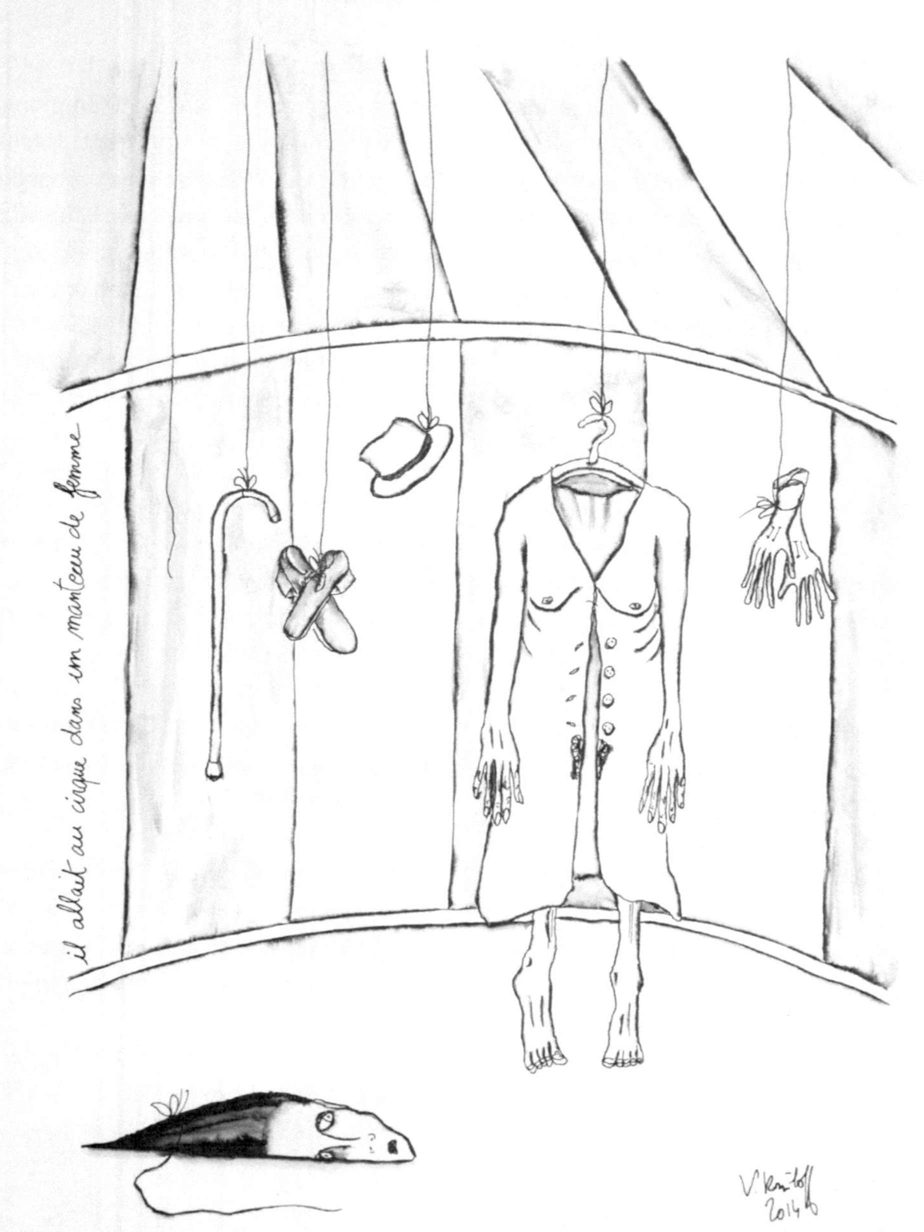
il allait au cirque dans un manteau de femme

Non-sens

À Jovite

Il allait dans les montagnes où le ciel tombe,
Sans ouvrir la bouche pour dire un mot.
Il écrivait sur les murs au couteau :
« Enfer-mé en ce monde »
Dans un silence de mort.

Libre comme le vent
Nous sommes libres comme le vent
Libres comme l'enfant
Il était agile en son temps
Prisonnier !

Un prestidigitateur en devinettes,
Un magicien de l'être, de lettres.
Il allait au cirque dans un manteau de femme.
En revenant dénudé de toute apparence
Comme un serpent.

Mais
Le jour où il a tout perdu
Il n'a plus dormi la nuit
Car
Venaient mordre ses pieds des fantômes
Puis
Il s'endormait à même le sol dans la journée
D'un évanouissement ou d'un adieu passager
Car
Toute sa vie il a payé les souffrances.
Alors ?
Il se réveillait dans un monde étrange…

Sinnlos

Für Jovite

Er ging in die Berge, wo der Himmel die Erde berührt,
Ohne den Mund zu öffnen, ohne ein Wort zu sagen.
Er ritzte mit dem Messer in die Felsen:
»Höllisch allein in dieser Welt«
In Totenstille.

Frei wie der Wind,
Wir sind frei wie der Wind.
Frei wie ein Kind!
Damals war er flink,
Gefangener!

Ein Zauberkünstler der Wortspiele,
Ein Magier der Sätze und des Seins
Ging zum Zirkus im Frauenmantel,
Kehrte zurück, entledigt von allem Schein,
Gehäutet wie eine Schlange.

Aber
Seit diesem Tag, da er alles verlor hatte,
Schlief er die ganze Nacht nicht mehr,
Weil
Gespenster in seine Füße bissen.
Dann
Fiel er tagsüber auf dem nackten Fußboden in Schlaf,
Ohnmächtig oder in vorläufigem Abschied,
Denn
Sein ganzes Leben bezahlte er für die Leiden.
Was dann?
Er erwachte in einer seltsamen Welt …

À l'intérieur, je cherche. À l'intérieur, je me perds.

Le Fou

Tout est sous les yeux
Yeux transparents, yeux sensibles
Qui ne pleurent que quand ils sont malheureux
Ou quand ils sont joyeux
Mais par habitude.

Je me réveille
Dans la lumière, loin
Qui scintille dans ma tête.
Quand je l'atteins
Je reviens sur les mémoires et leurs sentiments
Sur la vie et sa question
Mais où sont les réponses ? Nulle part.
Mais quelque part dans l'air où tout se transforme !

J'avance dans mon cœur
J'avance et j'accepte
Les causes et les conséquences.
À l'intérieur je cherche
A l'intérieur je me perds.

Tout est dans le feu
Dans l'Amour transparent invisible
Qui ne pleure que quand tout est calme et paisible
Mais par solitude.

Je me réveille
Loin de l'horizon
Qui découpe ma tête.
À la vie je reviens
Sur les mémoires et leurs sentiments
Mais le retour est impossible
Les réponses ne sont nulle part.
Mais quelque part dans l'air tout se transforme.

Der Narr

Alles liegt vor den Augen
Durchsichtige Augen, gefühlvolle Augen,
Die nur weinen,
wenn sie traurig oder glücklich sind,
Aber dann aus Gewohnheit.

Ich erwache
Im Licht, weit weg,
Es flimmert in meinem Kopf.
Wenn ich klar werde,
Kommen Gefühle und Erinnerungen
An das Leben und seine Fragen.
Doch wo sind die Antworten? Nirgendwo!
Oder irgendwo in den Lüften, wo sich alles wandelt!

Ich schreite in meinem Herzen voran.
Ich schreite, ich akzeptiere
Die Ursachen und die Folgen.
Im Inneren suche ich mich,
Im Inneren verirre ich mich.

Alles liegt im Feuer, in der Liebe.
Durchsichtige Liebe, unsichtbare Liebe,
Die nur weint, wenn alles ruhig und friedlich ist,
Aber dann aus Einsamkeit.

Ich erwache,
Weit vom Horizont
Der meinen Kopf zerschneidet.
Ich kehre ins Leben zurück
Zu Gefühlen und Erinnerungen.
Doch alle Rückkehr ist unmöglich.
Die Antworten sind nirgendwo!
Doch irgendwo in den Lüften wandelt sich alles.

Tout est beau et si réel ici-bas
La vie est une image symbole des rêves
Tout est vie
Espère toujours
La lumière est là.

J'avance
J'avance dans mon cœur
Brise les parois !
J'accepte les causes et les conséquences.
J'avance !

Immobile face à ma sentence !
J'accepte les causes et les conséquences !
À l'intérieur je cherche
À l'intérieur je me perds
À l'intérieur je respire…

Alles ist schön und so wirklich hier unten.
Das Leben ist ein Bildnis, Symbol der Träume.
Alles ist Leben.
Hoffe immer,
Das Licht ist da.

Ich schreite voran.
Ich schreite voran in meinem Herzen,
Durchbreche Wände!
Ich akzeptiere die Ursachen und die Folgen.
Ich schreite voran!

Reglos im Angesicht des Urteils!
Ich akzeptiere die Ursachen und die Folgen!
Im Inneren suche ich mich
Im Inneren verirre ich mich
Im Inneren atme ich …

Je ne formulerai plus un mot, car maintenant,
tu peux lire sur mes lèvres.
2014

Le psychanalystiquement vôtre

Pour Antonin Artaud

Je suis le grand psychanalyste, le grand masturbateur derrière son grand bureau. Je m'endors en pensant, en déposant mes doigts sur la démence de mon visage. Accoudé sur ma chaise, j'attends patiemment les invités imaginaires qui se joindraient à moi-seul. Ils émanent des lampes verticales juxtaposées dans chaque coin de ma pièce, entubés dans les angles. Je les reconnais au crépitement de leurs étincelles qui se craquent à la hauteur des ampoules. Le plafond est si bas, qu'il s'écroule. Je défais les nœuds de votre monde. J'en écris des fils d'encre qui s'embrument, de vos mots qui s'emmêlent, maux crispés dans vos paroles. Je les entends, je les prends. J'ai l'œil à l'écoute. Et, je les forme en phrases élaborées – grammaire déstructurée – par la sensation elle-même, je ne reviens pas au fait. Je boucle la boucle, je soigne la plaie. Je suis un inventeur des sciences, signifie ce qui se fige. Je suis un collectionneur d'apparences, de peaux abandonnées dans le sable mouvant de toutes identités. Un mélancolique, gardien de souvenirs. Un magicien qui se laisse aller au fluide de la vie, j'y fais face. Je suis un comédien de la réalité, mime la pensée en état de grâce. Un chanteur au cœur brisé, aux octaves démoralisantes qui pénètrent dans les corps pathétiques en crescendo, decrescendo...

Écriture, ô belle écriture... poison de ma vie ! Dis-moi, quelle est la cause de ma présence et quelle en est la conséquence de ma vie ? Je meurs à cause des autres, je vis en conséquence des autres.

Mit psychoanalytischen Grüßen, ganz der Ihre

Für Antonin Artaud

Ich bin der große Psychoanalytiker, der große Selbstbefriediger hinter seinem Schreibtisch. Ich schlafe beim Denken ein, während ich meine Finger auf den Altersschwachsinn meines Gesichtes lege. Den Ellenbogen auf den Stuhl gestützt, warte ich geduldig auf die Gäste meiner eigenen Einbildung. Sie erscheinen aus den Reihen von Stehlampen in allen Winkeln meines Raumes, in allen Ecken verkabelt. Ich erkenne sie am Knistern der Funken, die aus den Glühbirnen spritzen. Die Decke ist so niedrig, dass sie zusammenbricht. Ich löse die Knoten Eurer Welt. Ich schreibe darüber Tintenfäden, die sich in Nebel hüllen, mit Euren Worten, die sich verwickeln, verkrampfte Schmerzen in Euren Sätzen. Ich höre sie, ich nehme sie. Ich bin ganz Auge und Ohr. Und ich forme daraus gefeilte Sätze – mit aufgelöster Grammatik – durch das Empfinden selbst, ich halte mich nicht an Tatsachen. Ich schließe den Kreis, ich heile die Wunden. Ich bin ein Erfinder von Wissenschaften, ich benenne, was sich verfestigt, bin ein Sammler von Erscheinungsbildern, von aufgegebenen Häuten im Treibsand aller Identitäten. Ein Melancholiker, Wächter der Erinnerungen. Ein Zauberer, der sich vom Strom des Lebens treiben lässt, dem stelle ich mich. Ich bin ein Schauspieler der Wirklichkeit, mime den Gedanken im Zustand der Gnade. Ein Sänger mit gebrochenem Herzen, mit entmutigenden Oktaven, die in pathetische Körper eindringen, crescendo, decrescendo ...

Schreiben, oh wunderbares Schreiben ... Gift meines Lebens! Sag, was ist der Grund meines Hierseins und was ist die Folge meines Lebens? Ich sterbe auf Grund der Anderen, ich lebe in Folge der Anderen.

Vous qui entrez, laissez votre crâne s'adapter à la taille de mon aiguille ! Craignez le courage qui s'alimente de votre espérance en désespérance... la la la la la

Je ne formulerai plus un mot, car maintenant, tu peux lire sur mes lèvres.

Ihr, die ihr eintretet, passt Euren Schädel an die Größe meines Nadelöhrs an! Lasst Euch von dem Mut nicht täuschen, der sich von Eurer Hoffnung auf Enttäuschung nährt ... la la la la la

Ich füge nichts mehr hinzu, denn ab jetzt kannst du von meinen Lippen lesen.

Je regarde dans le noir s'il n'y a plus de trou

Désastre des-astres

Dans les silences de mes nuits, il pleut du sang comme il sanglote. J'attends à genoux le soleil, au bord de ma fenêtre, je regarde dans le noir s'il n'y a pas de trou. Les souvenirs qui sont devenus cauchemars, les oreillers ardents qu'on retourne sans cesse.

Insomnie toxique.

Puis, je lève les yeux vers le ciel d'une lourdeur et je vois dans les nuages obscurs aux firmaments la lune descendre de tout son être dans son cœur… ô mon Dieu… Il pleut sur l'équateur. Il pleut sur les océans et les mers qui s'écument sous les vents contraires, les vapeurs. Il pleut sur le sol, labouré par les animaux de la terre. Il saigne dans les cimetières creusés par les profondeurs.

Quand viendra le soleil ? Quand viendra l'équilibre ?

À l'horizon, l'on découpe les arbres qui perdent leurs feuilles et leurs branches qu'on ramasse à peine, dans un néant imperceptible.
Et j'entends que l'on chemine sur le toit, qu'on parcourt sur les tuiles qui se craquent sous les légers pas.
Mais ?
Serait-ce les esprits qui dansent ou l'esprit qui oublie ?
Que je me souvienne…
L'ai-je aperçu un jour ?
Peut-être ?

Elend der Sterne

In der Stille meiner Nacht, blutige Regenschauer, Schluchzen. Auf Knien erwarte ich die Sonne, dicht am Fenster starre ich ins Schwarze, ob dort nicht ein Loch sei. Erinnerungen sind zu Albträumen geworden, feurige Kissen sind ruhelos durchwühlt.

Giftige Schlaflosigkeit.

Ich hebe den Blick zu einem düsteren Himmel und sehe, wie in schweren Wolken am Firmament der Mond in seiner ganzen Pracht in sein Herz versinkt … oh mein Gott … es regnet am Äquator. Es regnet Gischt auf die Ozeane und die Meere, die aufschäumen unter widrigen Winden. Es regnet auf die Welt, gepflügt von den Tieren der Erde. Es blutet auf die Friedhöfe, von Tiefen durchfurcht.

Wann kommt die Sonne? Wann kommt das Gleichgewicht?

Am Horizont zersägt man Bäume, die ihre Blätter und ihre Äste verlieren, welche man kaum aufliest, in einem unspürbaren Nichts.
Ich höre, wie man auf dem Dach umhergeht, wie man auf den Ziegeln läuft, die unter den leichten Schritten brechen.
Wirklich?
Sind es Geister, die tanzen oder etwa der Geist, der vergisst?
Lass mich nachdenken …
Habe ich sie schon einmal bemerkt?
Kann das sein?

le jour est blanc à l'ouverture du ciel

V. Kornitoff
2014

Noir et Blanc

Le jour est blanc à l'ouverture du ciel,
Lorsqu'on trouve la vue dès le réveil
À l'alarme qui sonne le cauchemar éteint.
De rêves qui fondent en liquide,
Qu'on manque d'attraper par la distance
Qui nous sépare de l'être et du futur.

Ô le jour est une cicatrice déployée sur des heures et
des heures,
Qui descendent jusque dans la profondeur d'une impasse
au crépuscule,
Aux nuances lorsque je ferai transparence,
Que tu tendras ta main à ta poitrine pour faire signe de
partir.
Tout est fini, ne l'explique pas.

Schwarz und Weiß

Der Tag ist weiß, wenn der Himmel sich öffnet,
Wenn man erwacht und wieder sehen kann.
Der Wecker klingelt, ein Albtraum erlischt.
Träume schmelzen und zerfließen,
Sie entgleiten mit zunehmendem Abstand,
Der uns von Sein und Zukunft trennt.

Der Tag schmerzt wie eine Narbe, die sich ausbreitet
über Stunden und Stunden,
Die hinabsinken in die Tiefen einer Sackgasse in der
Dämmerung,
In Schattierungen, in denen ich durchsichtig werde,
wenn du die Hand auf die Brust legst als Zeichen des
Abschiedes.
Alles geht zu Ende, erkläre es nicht.

Ils sont enfoncés sous terre, pour briller aux yeux de dieu

Contes de fées au pays du désespoir (I)

Dans les travers du soir
Les hommes et les femmes se frappent contre
eux-mêmes
Au déclin du noir, à des places indifférentes.
Aux fauteuils ils se maintiennent
Dans la profondeur du crépuscule qui fait de la scène
une mascarade.

Ils sont enfoncés sous terre pour briller aux yeux de Dieu
Dans l'écart lumineux de l'éclat d'une tombe
Qui voit transpercer les amants momifiés.
Est-ce que l'amour est aimable lorsque seulement l'un de
nous deux meurt ?

Les yeux fleurs de ton corps
Ebène sont les contours de tes reins
Ta taille est ma matière
Tu s'exprimes.

Nous sommes à des milliers de jours
À des places profondes
À des sentiers entre les montagnes
De nous observer.
Nous avons le temps de comparer en s'aimant.

Märchen im Land der Hoffnungslosigkeit (I)

In den Wirren des Abends
beuteln Frauen und Männer sich selbst,
Wenn das Schwarz hereinbricht, an beliebigen Orten.
Sie klammern sich an ihre Sessel
In den Tiefen der Dämmerung, die aus der Szene ein
Maskenspiel macht.

Sie drücken sich in die Erde, um in den Augen Gottes zu
glänzen
In den lichten Spalt eines leuchtenden Grabes,
Das die mumifizierten Liebhaber durchscheint.
Ist die Liebe liebenswert, wenn nur einer von uns
beiden stirbt?

Die Augen, Blüten deines Körpers.
Wie Ebenholz sind deine Schenkel,
Deine Lenden sind mein Material.
Du verkörperst mich.

Wir sind Tausende von Tagen entrückt,
In tiefen Tälern,
Auf Wegen zwischen Bergen
Beobachten wir uns.
Wir haben Zeit zu vergleichen, während wir lieben.

nous distribuons des pilules de notre sac aux passants.
Ce sont des patients qui se sont échappés de chez eux.

2014

Contes de fées au pays du désespoir (II)

On avance jusqu'à ce qu'on crève,
Le pied dans l'étrier du cheval noir.
Nous distribuons nos pilules de notre sac aux passants.
Ce sont des patients qui se sont échappés de chez eux.

On les cherche partout.
Nous passons sous la grêle, sur le gravier en clamant :
« Le roi est mort, vive le roi ! »
Nous passons comme une locomotive de charbon.

Märchen im Land der Hoffnungslosigkeit (II)

Wir schreiten voran, bis wir verrecken,
Einen Fuß im Steigbügel des schwarzen Pferdes.
Wir verteilen unsere Pillen an Passanten.
Patienten, die von zu Hause entflohen sind.

Man sucht sie überall.
Wir ziehen fort im Hagel über die Kiesel und rufen:
»Der König ist tot, es lebe der König!«
Wir ziehen weiter wie eine Dampflokomotive.

J'ai un instant à débrider, un moment de tourmente à vous servir en invitation.
V. Kerniloff
2014

Là-haut dans les lendemains bleus

J'ai un instant à débrider,
Un moment de tourmente à vous servir en invitation.
Dans les lendemains, vous me discuterez de ce
que j'aurai vu.
Nous serons immortels, nous aurons pris nos actes,
Nous les aurons retournés, gravés.

Puis, mon état sera de plus, trop.
On me dira de rester, d'être égal à ma place.
Mais j'ai un but à vous transmettre,
Une chose à dire à plusieurs personnes :
Si elles sont parties crier sur les toits, faites-les
tomber.

Et pourquoi pas ? Je m'explique mal ?
Suis-je à côté de votre plaque ?
C'est mon homme. N'est-il pas aussi vrai ?
Que pourrais-je faire d'autre ?
Je m'en fiche. Je vais bien.

Quelle est la différence de ce que je dis ?
Quelque chose, quelque part, mais sûrement, loin d'ici.
Là-haut ! Là-haut !
Dans les lendemains bleus.

Dort oben in einer blauen Zukunft

Ich lasse für einen Augenblick die Zügel schießen,
Ein Moment der Verwirrung, zu dem ich euch einlade.
Später werdet ihr bestreiten, was ich gesehen habe.
Wir werden unsterblich sein, unsere Taten
vollbracht haben,
Von allen Seiten betrachtet, eingemeißelt.

Auch wird euch mein Zustand zu viel sein, zu viel.
Man wird mir sagen, dass ich auf dem Boden bleiben soll.
Aber ich habe Euch eine Botschaft zu überbringen,
Etwas, das alle angeht:
Wenn sie es an die große Glocke hängen, bringt sie zum
Schweigen.

Warum auch nicht? Drücke ich mich schlecht aus?
Bin ich nicht ganz bei eurem Trost?
Das ist mein Mann. Ist er nicht genauso wahr?
Was könnte ich sonst tun?
Es ist mir egal. Es geht mir gut.

Welcher Unterschied darin, was ich sage?
Irgendwas, irgendwo, aber ganz sicher weit von hier.
Dort oben! Dort oben!
In einer blauen Zukunft.

Vadim Korniloff

Il est artiste peintre français né à Metz, 1972.

Autodidacte, Vadim expose pour la première fois à Beyrouth (Liban) en 2007, puis les années suivantes à New-York, Paris, au Luxembourg, en Allemagne et en Russie. Son travail est aujourd'hui proche de l'écriture automatique. Il affectionne tout particulièrement la spontanéité, *l'irréfléchi.* Sa technique qui consiste à dessiner l'impensé, à exprimer ses émotions bruts, permet d'obtenir une très grande liberté du contenu dans une maîtrise de la forme, le dessin. L'artiste parle d'une *abstraction enfermée dans une figuration narrative.*

Vadim Korniloff vit et travaille actuellement à Metz.

Vadim Korniloff

Vadim Korniloff ist ein französischer Maler und Zeichner, geboren 1972 in Metz.

Seine Malerei wurde bereits in New York, Beirut, Paris und Luxemburg, Metz sowie in Deutschland und Russland ausgestellt.

Er sieht seine Arbeitsweise in der Nähe der écriture automatique (Automatisches Schreiben) und liebt dabei besonders die Spontaneität und das Ungeplante. Aus den vorliegenden Gedichten von Adelino Dias Gonzaga wählte er jeweils eine Zeile als Ausgangspunkt und zeichnete dann *unbedacht* seine ungefilterten Empfindungen. So entsteht trotz formaler Strenge keine Illustration, sondern eine große inhaltliche Freiheit und Eigenständigkeit.

Vadim Korniloff lebt und arbeitet in Metz.

Adelino Dias Gonzaga

Adelino Dias Gonzaga est un poète français d'origine portugaise. Né en 1991 à Guimarães, il vit et travaille aujourd'hui à Blois.

Depuis son plus jeune âge, il écrit de la prose et une poésie qu'il qualifie lui-même comme *paranormale, folle et magique*.

Sa ritournelle existentielle : *Croire en moi-même afin de trouver la voie/voix*.

Adelino Dias Gonzaga

Adelino Dias Gonzaga ist ein französischer Dichter portugiesischer Herkunft. Geboren 1991 in Guimarães, lebt und arbeitet er heute in Blois.

Er schreibt seit frühester Jugend Prosatexte und Gedichte, die er selbst als *übernatürlich, verrückt und magisch* beschreibt.

Sein Motto lautet: *An sich selbst glauben, um seinen Weg, seine Stimme zu finden.*

Sommaire

Inhalt

Hornschuchpromenade 17, D-90762 Fürth
www.edition-promenade.com

Übersetzung / Traduction : Andreas Becker, Paris
Lektorat / Relecture : Christian Fritsche
Reprografie / Reprographie : Véronique L'Hoste, Metz
Layout und Satz / Mise en page : Armin Stingl, Fürth
Druck / Impression : BoD, Norderstedt
Zweisprachige Ausgabe / Édition bilingue
ISBN: 978-3-944897-13-4

Die französische Originalausgabe erschien /
La version française est parue en 2015 :
L'Amour du Fou, edition promenade
ISBN 978-3-944897-08-0

edition promenade